中國學術思想 研究輯刊

十三編

林慶彰 主編

第22冊

論唐君毅對朱子思想的詮釋
——以當代之相關研究爲對比

吳略余 著

花木蘭文化出版社

國家圖書館出版品預行編目資料

論唐君毅對朱子思想的詮釋——以當代之相關研究為對比／
吳略余 著 — 初版 — 新北市：花木蘭文化出版社，2012〔民
101〕
目 2+150 面：19×26 公分
（中國學術思想研究輯刊 十三編；第 22 冊）
ISBN：978-986-254-805-9（精裝）
1. 唐君毅　2. 學術思想　3. 朱子學
030.8　　　　　　　　　　　　　　　　　101002172

ISBN-978-986-254-805-9

9 789862 548059

中國學術思想研究輯刊
十三編　第二二冊　　　　　　　ISBN：978-986-254-805-9

論唐君毅對朱子思想的詮釋——以當代之相關研究爲對比

作　　者　吳略余
主　　編　林慶彰
總 編 輯　杜潔祥
出　　版　花木蘭文化出版社
發 行 所　花木蘭文化出版社
發 行 人　高小娟
聯絡地址　新北市永和區中正路五九五號七樓
　　　　　電話：02-2923-1455／傳眞：02-2923-1452
網　　址　http://www.huamulan.tw 信箱 sut81518@gmail.com
印　　刷　普羅文化出版廣告事業
封面設計　劉開工作室
初　　版　2012 年 3 月
定　　價　十三編 26 冊（精裝）新台幣 42,000 元

論唐君毅對朱子思想的詮釋
——以當代之相關研究爲對比

吳略余　著

作者簡介

吳略余，目前就讀政治大學中國文學系博士班，研究興趣為中國哲學，現階段以儒家思想為主要研究方向。已發表的著作有：〈論牟宗三對老子之道的詮釋〉、〈對牟宗三詮釋朱子心性、工夫論的若干疑義——以唐君毅之朱子學為主要視角〉、〈唐君毅之朱子學〉、〈荀子心性論及其善惡之根源〉、〈論王廷相對理生氣說與性善論的批評——以朱熹哲學為參照〉、〈論朱子哲學的理之活動義與心之道德義〉。

提　　要

　　朱子是宋明儒學中舉足輕重的代表性人物，在中國文化裡也是足以和孔子媲美的大儒，其歷史地位由此已可見一斑。儘管在他之後的儒者，對其有肯定與否的差異，但總的說來，傳統上朱子是被定位在集理學之大成的位置上的。這樣的定位，在現代依然被許多學者所肯定和接受。然而，在此之外，臺灣的學界也出現了另一股不同於以往且位居主流的評價，這便是以牟宗三為代表的「別子為宗」說。在牟先生的詮釋下，朱子的思想不再是集理學之大成，而是成為了儒學的歧出者。對於這樣的界定，筆者深感不安。與此同時，同樣身為當代新儒家代表人物的唐君毅，對於朱子的思想卻有著一番十分不同於牟宗三的詮釋樣貌。在唐先生的詮釋下，朱子和陸、王都是儒學中可以有的兩種義理型態，彼此是相互補足，而非相互排斥的關係。而當我們進一步閱讀朱子的文獻，以及相關的研究時，便發現唐先生的詮釋確實有其獨到的洞見在，可惜的是，他的觀點在當代還沒有得到廣大的重視。本文的研究，便是希望藉由唐先生對朱子理氣、心性、工夫等思想的詮釋作為進路，一方面闡發唐先生的觀點，二方面對其他當代朱子學研究提出商榷，由此而期望對朱子的哲學能提供一些可能性的參考理解。

目次

第一章　緒　論

第一節　研究動機與目的

對於朱子在中國的影響及其地位，錢穆曾經如此說：

> 在中國歷史上，前古有孔子，近古有朱子，此兩人，皆在中國學術
> 思想史及中國文化史上發出莫大聲光，留下莫大影響。曠觀全史，
> 恐無第三人堪與倫比。……尊孔崇孔，乃朱子以後中國學術上一大
> 趨嚮；而述朱闡朱，則尚是中國學術上一大爭議。〔註1〕

藉由錢先生的這一段話，我們可以看出，就歷史的眼光而言，朱子確實具有
極其重要的影響力，這一點似乎是屬於客觀的事實，因此比較能夠爲大家所
肯定。例如楊儒賓就說：

> 朱子是中國思想史上少見的劃時代的人物，所謂「劃時代」，意指在
> 他之前和在他之後的思想流程大不相同，而朱子是造成這種思想史
> 流程轉變的關鍵。〔註2〕

楊先生這段話正與錢先生的論述相呼應，由此我們也可以肯定朱子在歷史上確
實具有舉足輕重的地位。然而，對於朱子本身思想的闡述，則由於各人的立場
不同，所以得出的詮釋和評價也各有差異，而所謂的「劃時代」也就會有著不

〔註1〕 錢穆：《朱子新學案（一）》，收在《錢賓四先生全集》第 11 冊（臺北：聯經
　　　　出版公司，1998），頁 1、3。
〔註2〕 楊儒賓編：《朱子學的開展——東亞篇・導論》（臺北：漢學研究中心，2002），
　　　　頁 1。

同的實質意義。就當代對朱子的研究來看，楊儒賓曾經將牟宗三、錢穆、陳榮捷和唐君毅，視爲是最重要的四位大家，而這其中又以牟先生的詮釋影響最爲廣大。〔註3〕如果再就他們對於朱子思想的界定來看，則又可以用劉述先曾經提及的說法，將他們區分爲三種型態：錢穆以爲朱子不僅能集北宋理學之大成，甚至可以說是集孔子以下學術思想之大成；而牟宗三則認爲朱子乃是別子爲宗，並不是先秦儒學和北宋濂溪、橫渠、明道的善繼者；至於唐君毅則以朱子和象山、陽明是兩種可以相互會通而補足的義理型態。〔註4〕在這三種型態當中，錢、牟兩位先生的說法都不乏後繼之人，〔註5〕而唐先生的觀點卻似乎較少爲人注意。對此，楊儒賓曾說：

> 至於唐先生的論點沒有引起足夠的回響，這是相當不幸的事。唐先生本人的寫作風格重圓融調會，四面張羅，問題容易鈍化，這固然是其論點較容易被忽略的主要原因。但臺灣的儒學研究有一主流論述，牟先生的著作成爲戰後整個朱子學論述的拱心石，這未嘗不是原因所在。〔註6〕

楊先生這一段話，從兩個面向點出了唐先生的詮釋何以沒有得到充分的回響，一個是關於唐先生本身的寫作，另一個則是關連到學術界的主要潮流。順著他的提點，我們嘗試再加以闡述如下。

我們知道，一個思想家的學說能否得到後世的接受甚至繼承和發揚，除了詮釋的合理、深刻與否之外，思想家本身的寫作風格也是具有相當的影響性，特別是當同時代裡也存在著其他重量級的詮釋時。對此，我們可以舉劉

〔註3〕 楊儒賓：〈戰後臺灣的朱子學研究〉，《漢學研究通訊》第 19 卷，第 4 期（2000年 11 月），頁 576～578。此外，祝平次：《朱子學與明初理學的發展·前言》（臺北：臺灣學生書局，1994），頁 1～2 亦隱隱然以此四人爲四大家。

〔註4〕 劉述先：《朱子哲學思想的發展與完成》（臺北：臺灣學生書局，1995，增訂三版），頁 27。文中劉先生未提及陳榮捷的主張。陳先生有〈朱熹集新儒學之大成〉一文，其說與錢穆型態相近，見氏著《朱學論集》（臺北：臺灣學生書局，1988，增訂再版），頁 1～35。

〔註5〕 如劉述先：《朱子哲學思想的發展與完成·自序》便說：「基本上，我贊同牟先生以朱子爲『別子爲宗』的看法」，頁 3；而金春峰：《朱熹哲學思想·自序》則說：「經過這些剖析、闡釋，我相信，像錢穆先生所講的『朱子之學，徹頭徹尾乃一項圓密宏大之心學。』應該已清楚地在讀者心目中確立了起來。」（臺北：東大圖書公司，1998），頁 18。這兩位學者的傾向，楊儒賓：〈戰後臺灣的朱子學研究〉已曾提及，見頁 577、578。

〔註6〕 楊儒賓：〈戰後臺灣的朱子學研究〉，頁 577～578。

述先研究朱子當作說明。劉先生自敘他對朱子的研究，在考據方面多採取錢
穆的意見，而在義理方面則多汲取牟宗三的說法，至於唐君毅的詮釋，他則
如此說：

> 我取唐先生之說獨少，其原因在，唐先生煞費苦心企圖證明在新儒
> 家的宮室之美，廟堂之富的弘大規模之下，可以兼容並包程朱陸王
> 等不同型態的思路，彼此不必互相衝突，而可以相反相成。但這樣
> 的思路把銳角化成了鈍角，對我的幫助不大。〔註7〕

劉先生是朱子學的專家，他對於唐、牟、錢之間的取捨具有一定程度的參考
價值。從他的敘述中，我們窺見了唐先生重視圓融調會、兼容並包的思路，
對於後學在接受上所可能產生的問題。不過，假如我們換個視角來思考，那
麼唐先生的思路對於我們的價值可能會有很大的不同。對此，梁燕城有一段
話語頗值得注意，他認為：

> 牟宗三的系統不能肯定多元，只限於現代；唐君毅的容納多元，屬
> 於後現代，但因多元間能感通，故又不陷入後現代那種散立的虛無
> 之中。〔註8〕

雖然梁先生這裡的說法是對於唐、牟兩位先生思想體系的概括，不過拿來用在
兩者對於朱子的詮釋上仍然是頗為適用的。上述劉、梁兩位先生對唐、牟之間
的取捨、權衡顯然不同，其中或許並沒有絕對的優劣或對錯，不過我們卻可以
如此思考：順著牟先生的思路是目前臺灣朱子學的一條主要路線，而朱子是「別
子為宗」的定位也可以被人們自由選擇地去接受，正如楊儒賓所說的：

> 牟先生的著作體系完整，析探深入，加上牟先生本人個性好惡鮮明，
> 判教意味極強，敵對學者當之，不免望風披靡。對學生而言，這樣
> 的性格卻具有奇理斯瑪的吸引力，牟先生很自然的吸引了一批學生
> 跟著他走。〔註9〕

然而，我們卻也能夠說：順著唐君毅圓融多元的思路也可以是一條有意義的
路線，特別是當閱讀者在唐先生的論述中真實感受到朱子思想的面貌和價值
時。〔註10〕在這裡，我們可以接著討論一個問題：在現在要研究朱子的哲學

〔註7〕　劉述先：《朱子哲學思想的發展與完成・自序》，頁1～2。
〔註8〕　梁燕城：《破曉年代──後現代中國哲學的重構・序論》（上海：東方出版社，
　　　　1999），頁2。
〔註9〕　楊儒賓：〈戰後臺灣的朱子學研究〉，頁578。
〔註10〕　對此，筆者已有專文，拙著〈唐君毅之朱子學〉，《鵝湖》第33卷，第7期（2008

思想，而又面對著唐、牟、錢等朱子學大家的詮釋時，我們應該如何選擇自己的研究方式？如果能夠完全另闢蹊徑而自成一家之言，當然是可喜的事情，但是，取道於前輩大家的思路卻也不失爲是一個可行的路徑。正如前面已然提及的，牟先生的詮釋不乏後繼之人，那麼當我們希望藉由唐先生的思路來窺探朱子的思想面貌時，也應該是個可以實行的想法。這是本文的寫作動機之一。

　　但是，我們爲什麼不走牟先生的主流路線呢？〔註11〕底下嘗試說明個中的原因。在上面的論述中，我們從朱子的歷史地位談起，然後再轉到了當代對朱子思想的定位。一方面誠如錢先生所說的，朱子在中國歷史上乃是足以和孔子媲美的大思想家，然而另一方面，在當代除了「集大成」的聲音外，卻也出現了「相互補足」，以及「別子爲宗」的論述。其中，「別子爲宗」作爲目前臺灣學界的主流論述，很明顯地和傳統的評價有著相當的落差，特別是當我們再進一步深究牟先生對「別子爲宗」所下的三項判準時，將發現朱子似乎連成爲儒學內部一宗的資格都不怎麼足夠。對於這個問題，筆者已經有過相關的處理，現在將該文部分的摘要與結語抄錄於此：

> 在當代的朱子學中，牟宗三的詮釋無疑是最具有影響力的。牟先生判教的意味相當明顯：他認爲朱子的理是只存有而不活動者；而心、性、情三分的架構中，性屬於但理，心、情則屬於形下的氣的層次；至於涵養主敬和格物致知的工夫，則只是空頭的、外在的。依據這三項判準，因此牟先生判定朱子是別子爲宗。不過牟先生的詮釋和判定卻讓筆者深感不安，一則牟先生基於判定朱子是屬於所謂的橫攝系統，因此對於朱子的許多屬於直貫系統的辭語，都表示出不信任的態度，進而修改或否定朱子本身的話語；二則若依據牟先生的詮釋，那麼朱子似乎連成爲儒學之一宗的資格也將喪失。單以工夫論而言，在他的詮釋之下，朱子連眞正的道德行爲也無法成就。
>
> 這確實是很嚴重而且嚴肅的問題，因爲這樣一來，朱子的思想價值何在，就必須被重新界定，甚至是被質疑或貶抑；至少在儒家重視

〔註11〕至於錢先生的說法，其所涉及的範圍相當廣大，除朱子的哲學思想外，尚旁及經學、史學、文學、小學等等，而唐、牟二位先生則主要是哲學家的詮釋。因本文乃著眼在哲學思想的研究上，所以對於錢先生的詮釋雖然有所參考，但卻非本文所能取道的途徑。

道德實踐以培養道德人格的這一方面，他的思想似乎沒有太大的立
足點。這實在讓筆者深感不安，因為朱子一生所追求的就是「為己
之學」，而如今卻連真正的道德行為都成就不了，這與他的志向是全
然背離的。〔註12〕

相對而言，唐先生的詮釋則能夠讓朱子思想的價值保持相當程度的肯定。這
是本文的寫作動機之二。當然，筆者並不是簡單地因為唐先生的詮釋有利於
朱子地位的維持，就因此而忽視牟先生的判定，如果僅僅是如此，那麼將只
是落入門戶之爭而已。唐先生和錢先生在論述朱子的思想時，對於門戶之見
的可能弊端都曾再三致意，〔註13〕本文的寫作也自我期盼能夠免除這樣的毛
病。前面已提及唐先生的詮釋並沒有被充分的認識，但是筆者卻發現，在後
來許多不同於牟先生的見解中，其實有許多都可以在唐先生的詮釋裡找到相
近的觀點。這樣的現象表示了：唐先生的詮釋雖然不像牟先生那樣得到廣大
的迴響，但是他的詮釋卻與後來的學者有著不謀而合的洞見在。本文便是著
眼於此，嘗試將唐先生的朱子學面貌加以展示，並希望讓他的詮釋得到相應
的重視。這是本文的寫作動機之三。

　　以上說明了本文何以取道於唐先生的詮釋，不過，學術的研究畢竟是期
望能有所進展的一種歷程，因此在展示唐先生的朱子學的同時，本文也將嘗
試提出一些可能的補充、開展。換句話說，除了希望能夠深入理解唐先生對
於朱子的詮釋之外，更期望藉由他的思路來掌握、發掘朱子本身的思想面貌
與價值所在。對此，筆者願意借用杜保瑞詮釋朱子時的一段話來作為本文的
期許，他如此說：

　　總之北宋諸儒的重要哲學意見朱熹幾乎都對之進行理解、轉述與再
　　發揮，說朱熹是北宋儒學的集大成者的意義就是在這些哲學問題思
　　路的繼承下成立的。〔註14〕

前面已經提及，在面對前輩大家的朱子學研究矗立在眼前時，本文採取的不

〔註12〕拙著〈對牟宗三詮釋朱子心性、工夫論的若干疑義——以唐君毅之朱子學為
　　　　主要視角〉，《有鳳初鳴年刊》第3期（2007年10月），頁15、26。關於牟先
　　　　生對朱子的話語經常表示不信任，並進而加以修改或否定的作法，筆者深以
　　　　為不可。對此，文中曾有所論述，頁15～17。
〔註13〕唐君毅：《中國哲學原論：原教篇》（臺北：臺灣學生書局，1990，全集校訂
　　　　版），頁206～212；錢穆：《朱子新學案（一）·例言》，頁13～14。
〔註14〕杜保瑞：〈朱熹哲學研究進路〉，《哲學與文化》第32卷，第7期（2005年7
　　　　月），頁98。

是另起爐灶的方式，這除了是因為筆者深知目前所能達到的學術程度十分有限之外，更為重要的是，借重前賢的詮釋以作為路徑，原本就是中國詮釋傳統中早已存在的現象。唐先生藉由詮釋朱子以理解儒家哲學的某個面向，而本文則取道唐先生以探求朱子哲學的大體樣貌。這是本文的寫作動機，也同時是寫作的目的。

第二節　前人研究概況

　　經由第一節的論述，相信讀者已經隱約感受到：雖然唐君毅對朱子的詮釋曾被譽為是當代朱子學的四大家之一，然而他的觀點在注意度和接受度上卻與他的重要性不成正比，甚至可以說是十分微小的。即如近來杜保瑞〈朱熹哲學研究進路〉在檢討當代朱子學時，也並沒有提及唐先生。〔註 15〕僅就筆者目前所見，在學位論文以及專門著作方面，還沒有任何一部以唐先生的朱子學為主題的論著。並且，當筆者初步查閱一些重要的朱子思想專書時，也發現唐先生的論點被引用的次數十分的鮮少。例如：劉述先《朱子哲學思想的發展與完成》和田浩《朱熹的思維世界》曾經引用過幾次，祝平次《朱子學與明初理學的發展》除〈前言〉略加評述外，〔註 16〕文章中只提及一次，而像陳榮捷《朱學論集》、陳來《朱子哲學研究》、金春峰《朱熹哲學思想》、張立文《朱熹評傳》等等，都沒有任何的引述。

　　相較於上述專書的鮮少論述，在單篇論文方面，已經能有比較多的注意，雖然，就整體的份量而言還有相當大的進展空間。例如：早先戴君仁〈朱子陽明的格物致知說和他們整個思想的關係〉曾對唐先生這方面的看法有所稱讚，〔註 17〕不過限於題旨，所以戴先生並不曾有進一步的發揮。此外，林安

〔註15〕杜保瑞的著眼點與楊儒賓頗有不同，他認為：「當代朱熹學研究中形成當代爭議的有幾個主要型態，即是牟宗三先生一型，勞思光先生一型，馮友蘭先生一型。」〈朱熹哲學研究進路〉，頁 106。

〔註16〕祝平次：「比起牟先生，唐先生較能將其西學根砥放在一邊。……然而其所著《中國哲學原論》屬於分論性質，難以令人看出理論部分與整體之間的關係。而且在其應用西學的分析架構時，其問題取向也易發生偏向，還是無法完全掌握原來問題在其脈絡的應有意涵。」《朱子學與明初理學的發展‧前言》，頁 2。對祝氏之概括評論，筆者採取保留態度，此觀本文之討論後，當可有所理解。

〔註17〕戴君仁：「我對於唐君毅氏所說『朱子陽明之思想，咸有進於《大學》所陳而自立之新義在』，『二家之釋《大學》格物致知之言，不視之為大學本文註解，而視為一獨立之思想之表現』這些話，是非常同意的。」，〈朱子陽明的格物

梧〈知識與道德之辯證性結構──對朱子學的一些探討〉，對於唐、车二先生的宋明理學曾有所綜述和對比，其中對车先生的朱子學的掌握，簡明扼要，頗值得參考；而對唐先生的觀點，雖然林先生有較高的肯定之意，但在論述的篇幅上卻相對地較少，並且方法論上的闡述多過於義理內涵的說明。〔註18〕而晚近大概就只有高柏園〈論唐君毅與车宗三對朱子思想之理解態度〉、楊儒賓〈戰後臺灣的朱子學研究〉、陳榮灼〈朱陸匯通之新途〉、陳代湘〈現代新儒家的朱子學研究概述〉等文相對比較重視。其中，楊儒賓的說法我們已經有所提及，而陳代湘的討論重心是车宗三、錢穆、馮友蘭和劉述先四人，對於唐先生只簡單提及三次，〔註19〕所以在這裡我們便將焦點放在高柏園、陳榮灼的觀點上。高先生的文章主要是著眼在唐、车的方法論，以及他們對朱子格物致知論的詮釋，而且對唐先生詮釋朱子的論述也只鎖定在《中國哲學原論》的《原教篇》和《原道篇（三）》二書，因此不論是在個人論述所佔的比重，或者處理的思想議題，還是引用的材料上，都還有讓我們可以加強擴充的地方；並且，更為重要的是，高先生明白表示他是比較同意车先生的主張的，而這正和本文的立足點有所差異，一如我們在上一節已然論述的那樣。〔註20〕至於陳先生的文章，主要是藉由黑格爾對「倫理的觀點」與「道德的觀點」的區分，來說明朱陸之間的分歧，以及以此作為匯通朱陸的新途徑。在這個基礎下，他認為：

> 雖然我們接受车先生將象山與康德於「自律道德」上等量齊觀，但我們卻不同意將「道德的觀點」絕對化。相反的，藉著黑格爾對康

致知說和他們整個思想的關係〉，《戴靜山先生全集》（臺北：戴顧志鵷，1980），頁 803。

〔註18〕林安梧：〈知識與道德之辯證性結構──對朱子學的一些探討〉，《現代儒學論衡》（臺北：葉強出版社，1987），頁 145～167。如頁 159 云：「……換言之，唐氏並不能同意车氏對朱子『別子為宗』的判定。連帶地，车氏所謂順取橫列的涵靜攝系統，泛認知主義型態，他律道德等判定，若將之置於唐氏的系統中恐怕會有些爭議與論辯。」林氏之說，筆者頗為贊同，此觀後文所論，亦當有所了解。

〔註19〕陳代湘：〈現代新儒家的朱子學研究概述〉，《哲學動態》2002 年，第 7 期，頁 25～28。

〔註20〕高柏園：〈論唐君毅與车宗三對朱子思想之理解態度〉，發表於第四屆東亞漢學國際會議（日本：日本大分縣立藝術文化短期大學，1999 年 9 月 25、26 日。）然筆者未能查看該論文集，此處乃檢索於華梵大學第四次儒佛會通學術研討會（2000 年 5 月 27、28 日）之網路資料 http://www.hfu.edu.tw/~lbc/BC/4TH/BC0432.HTM

德道德哲學之批判，我們將凸顯出象山之侷限。其次，儘管我們贊同唐先生之「朱子有進於象山」一論旨，但與其「工夫論」之進路迥異，我們將展示如何透過黑格爾之「以倫理揚棄道德」的進路來証成從象山到朱子的過渡。〔註21〕

筆者對黑格爾的哲學並沒有研究，因此不敢妄加置喙，但如果單就陳先生的文章而言，雖然他說自己的進路和唐先生「『工夫論』之進路迥異」，但其實兩者對朱子在道德實踐上兼重德性與聞見的詮釋，並沒有太大的差異或衝突。而由此也可以說，陳先生的說法爲唐先生的詮釋提供了一個可以相互參考的論述視角。以上，我們簡單地討論了一些相關的研究，相信多少能夠讓讀者感覺到：唐先生的朱子學，在當代依然是一個不夠受重視，甚至是被忽略的詮釋。而這也正是本文所希望突顯的部分。

第三節　唐君毅的思想特質與本文的研究進路和範圍

唐君毅對於朱子的相關詮釋，雖然是散見在他所著的《中國哲學原論》六大卷中，〔註22〕不過論述的份量並不算少。其中主要的篇章有：〈由朱子之言理先氣後，論當然之理與存在之理〉〉、〈原致知格物〉、〈原太極〉、〈朱子之理氣心性論〉、〈原德性工夫：朱陸異同探源〉、〈朱陸之學聖之道與王陽明之致良知之道〉、〈綜述宋明理學中心性之論之發展〉等，如果我們將這些篇章加以集結，而視之爲一部朱子哲學思想的專論，也應當是不爲過的。本文便是以上述這些篇章爲論述的主要依據。〔註23〕

在研究進路方面，我們先借助黃俊傑在研究孟子時所提出的兩種進路來作爲引導，他說：

當代學者對孟子學的研究，基本上可以區分爲兩大陣營：一是哲學

〔註21〕陳榮灼：〈朱陸匯通之新途〉，收在台灣哲學學會編：《儒家哲學》（臺北：桂冠圖書公司，2004），頁21。

〔註22〕分別爲《導論篇》（臺北：臺灣學生書局，1986，全集校訂版）、《原性篇》（臺北：臺灣學生書局，1989，全集校訂版）、《原道篇》三卷（臺北：臺灣學生書局，1986，全集校訂版）、《原教篇》。本文凡引述此六卷者，皆依上述之版本，爲清耳目，只於引文後標示書名與頁數，不另附註。

〔註23〕此外，唐君毅：《哲學論集》（臺北：臺灣學生書局，1990，全集校訂版）尚有〈朱子道體論導言〉、〈朱子與陸王思想中之一現代學術意義〉、〈陽明學與朱子學〉三文，頁88～92、500～507、508～521。

／觀念史的研究進路；二是歷史／思想史研究進路。前者在研究方
法上將《孟子》視爲與社會政治經濟變遷無關的哲學文獻，並有意
無意間假定孟子思想體系內各個觀念或概念具有某種自主性，在這
個假設上解剖孟子學中的重要概念。後者則將孟子及其思想放在歷
史或文化史脈絡中加以考慮，尤其注意分析孟子學在思想史中之浮
沉變化。這兩種研究進路雖然取徑不同，方法互異，但是相輔相成，
交光互影之處極多。〔註24〕

黃先生在這裡所論述的兩種進路，用在當代的朱子學研究上也是適合的。哲
學或觀念史重在探究哲學觀念本身的義理內涵與體系，對於思想家所身處的
時代、社會等外緣背景則可以暫且給予擱置；而歷史和思想史則主要是探討
思想家和時代、社會等外緣背景之間的關係。例如相對而言，錢穆《朱子新
學案》的第一和第二冊、牟宗三《心體與性體》、劉述先《朱子哲學思想的
發展與完成》、陳來《朱子哲學研究》、金春峰《朱熹哲學思想》等的詮釋比
較傾向於前一種類型，而像束景南《朱子大傳》、田浩《朱熹的思維世界》，
以及余英時《朱熹的歷史世界》等的研究則比較屬於後一種類型。當然，正
如黃先生已然提及的，這兩種進路並非截然二分，不過兩種研究方式確實存
在著大方向與立足點的差異，所以我們在這裡的引用，不僅僅是爲了分類上
的方便，而且也是替唐先生的詮釋和本文的研究確立一個基本的指向。就這
兩種類型來說，唐先生對朱子的詮釋進路無疑是接近第一種的，正如他自己
所表示的，他的論述方式是「即哲學史以論哲學」。〔註25〕底下，我們將以
《中國哲學原論》各卷的序言爲中心，一方面說明唐先生的論述方式，另一
方面也點出本文的研究進路和範圍。

　　唐先生對於自己的論述方式有著高度的自覺與清楚的說明，我們從他各
卷的序言中，可以很清晰地看到他的一貫思路，那就是重視融通多元的圓融
心態。這樣的心態，在前文引用楊儒賓、劉述先和梁燕城的話語時，相信讀

〔註24〕黃俊傑：《中國孟學詮釋史論》（北京：社會科學文獻出版社，2004），頁8。
〔註25〕對唐先生此一觀點，提及者不少，如李杜：《唐君毅先生的哲學》（臺北：臺
　　　　灣學生書局，1983，再版），頁33～35、151～159；林安梧：〈知識與道德之
　　　　辯證性結構——對朱子學的一些探討〉，頁157；蕭萐父：〈評唐君毅的哲學史
　　　　觀及其對船山哲學之闡釋〉，《船山哲學引論》（南昌：江西人民出版社，1993），
　　　　頁207～222；高柏園：〈論唐君毅先生對二程理學之理解態度（上）〉，《鵝湖》
　　　　第28卷，第11期（2003年5月），頁33～40。

者們已經能夠有所感受。而在這裡，筆者將進一步引述唐先生自己的言論來作爲佐證和說明。我們先看何謂「即哲學史以論哲學」？對此，唐先生說：

> 吾所注重者，唯是説明：中國先哲言人性之種種義理之次第展示於歷史；而其如是如是之次第展示，亦自有其義理上之線索可尋。故可參伍錯綜而通觀之，以見環繞於性之一名之種種義理，所合成之一義理世界。……其論述之方式，亦可謂之即哲學史以言哲學，或本哲學以言哲學史之方式也。（《原性篇》，頁 5～6）

> 所謂即哲學史以論哲學者，即就哲學義理之表現于哲人之言之歷史秩序，以見永恆的哲學義理之不同型態，而合以論述此哲學義理之流行之謂。既曰流行，則先後必有所異，亦必相續無間，以成其流，而其流亦當有其共同之所向。（《原教篇》，頁 9）

在上述的話語中，相對而言，因爲第一段是緊扣著「性」這一觀念來作説明，所以顯得具體而個別，而第二段話則顯得比較抽象而普遍。也可以説，後一段是原則性的論述，而前一段則能夠當成一個實際的例子，兩者正好可以相互彰顯。如果再用我們的話來稍作説明，那麼例如「道」這個觀念，就可以放置在一個哲學史的發展脈絡來探討，也就是説，可以論述「道」在先秦以至於明清的各個思想家中，各自呈現出了怎麼樣的義理樣貌。再者，如果單就朱子學來看，則從「即哲學史以論哲學」的角度出發，便是特別著重於理氣論、心性論和工夫論等三方面的哲學義理，在朱子的思想中是如何呈現或是何種型態的。此中，固然可以將朱子的型態和其他的思想家作比較，但是因爲限於本文的主旨以及筆者的學力，所以不須要也沒有辦法論及朱子和其他思想家的不同，而只能夠以唐先生對朱子本身思想的詮釋爲主軸，然後旁及當代相關的朱子學研究。

接下來，我們便來看對於唐先生的詮釋有著關鍵而一貫的思路，唐先生說：

> 依吾平日之見，嘗以爲凡哲人之所見之異者，皆由哲學義理之世界，原有千門萬户，可容人各自出入；然既出入其間，周旋進退，還當相遇：則千門萬户，亦應有其通。（《原教篇》，頁 10）

這裡須要特別提及的是，《原教篇》這一段文字並不是一個孤立的話語，因爲相似的觀點在《中國哲學原論》各卷的〈自序〉中都曾經有所論述。〔註 26〕

〔註 26〕 唐君毅：《中國哲學原論：導論篇》頁 5：「吾書既欲見中國哲學義理有不同之型態，實豐富而多端，而又欲合之足以見整個中國哲學之面目，……吾於昔

換句話說，唐先生重視融通多元，乃是他一貫的思路，它貫穿在《中國哲學原論》六大卷的論述當中；並且，它不單單只是一種論述的方式，而且更是唐先生自身思想的一種特質。在前一節裡，我們曾經引述梁燕城對於唐、牟思想體系的判斷，他認爲唐先生能夠「容納多元」，並且「多元間能感通」，而唐先生在這裡的自敘，正好可以當成最直接的證明。此外，唐先生之所以有如此的思路，則是基於他獨特的一套思考，他如是說：

> 此人之心思，原可隨順一名言、及一事物，以有其在種種之不同方向、不同深度之運用，正爲種種不同義理，所以得分別顯示於此心思前之理由所在。（《原性篇》，頁 10）

不同的義理乃是心思不同面向和不同深度的運用與呈現，這是唐先生對於人類的心思所給予的一種豐富多元的陳述，而正是因爲有鑒於此，所以他認爲：

> 亦唯有人之善自旋轉其心思之運用之方向，如天樞之自運于於穆者，方能實見彼一一義理之各呈於一一方向深度之運用之前，以咸得其位，如日月星辰之在天；亦方能實見得一切眞實不虛之義理，其宛然之衝突矛盾，皆只是宛然而暫有，無不可終歸於消解；以交光互映而並存一義理世界中。（《原性篇》，頁 10）

從以上的話語來看，唐先生對於各家哲學確實存在著：由各自出入之中以得其會通之處的期盼。因此他才會說：「此即吾之所以不揣冒昧，凡遇先賢之異說糾紛之處，皆盡力所及，爲之疏通，以解紛排難。」（《原性篇》，頁 12）這和牟先生強烈的判教意識具有十分明顯的差異，而本文卻正是欣賞前者的路徑，並且也自我期許以這種思路作爲論述的途徑。

至於本文的研究範圍，底下我們也將藉由唐先生在《原教篇》中的說明，來作爲本文的指引。唐先生說：

> 吾之論述宋明儒之每家之學，皆只提示吾所視爲有較特殊之承先啓

賢之言，亦常略迹原心，於諸家言之異義者，樂推原其本旨所存，以求其可並行不悖，而相融無礙之處。」、《原性篇》頁 9～10：「今若更觀此所悟解者之聚合於吾人之一心，而各當其位，則不同歷史時代之賢哲，所陳之不同義理，果皆眞實不虛，即未嘗不宛然有知，而如相與揖讓於吾人之此心之中，得見其有並行不悖，以融和於一義理之世界者焉。」、《原道篇（一）》頁 26～27：「吾對中國哲學思想之全體，恆有一整個之觀感。即其雖沿不同道路而形成，然皆自同一本原而發，如長江黃河之同原於星宿海，中國之山脈之同出於崑崙。……此可喻中國之思想主流如周秦之儒道墨三家，或後之儒釋道三教之有不同道路，皆可並行不悖。」

後之哲學意義者爲止。然一家之學，固不以此而止也。又對此特殊
義，吾亦多只略引其一二言爲據，未嘗于其言加以盡舉。……又吾
書對各家思想之師友淵原，與時代問題之關係，亦幾全無所論述。
此則由吾書原不全同世之哲學史，唯重在即哲學史以見哲學義理之
故。(《原教篇》，頁 11～12)

首先，唐先生以具有特殊承先啓後的哲學義理爲論述主題，不僅不旁及其他
有別於哲學的課題，甚至也不涉及太多次要的哲學概念，這就爲我們研究他
的朱子學時劃下了一定的範圍，本文也正是打算以朱子的理氣論、心性論以
及工夫論作爲主要的議題。其次，唐先生對於原典文獻的引用確實不多，對
於這個方面，正好是本文可以而且也必須補足的部分。這一方面是爲了讓文
獻出場作佐證，以免流於捕風捉影的無根揣測，而另一方面也正可以見出唐
先生的詮釋合理與否？須要特別提出的是，如果《朱子文集》和《朱子語類》
的說法看似有衝突的時候，筆者將以《文集》的論述爲準則；並且，更重要
的是，筆者以爲引用《語類》作爲例證時，雖然不一定要同時引述多條紀錄，
但卻必定得先確認有其他相近的說法存在，也就是說，不宜以孤例來作爲觀
點的論證，甚至是以孤例來否定其他絕大多數的話語。這是筆者引用文獻的
重要原則。再者，在思想的師友淵源和時代問題方面，本文也同樣不將重心
放在這些問題的考察上，借用上述黃俊傑的話，因爲筆者的預設是假定朱子
的「思想體系內各個觀念或概念具有某種自主性」。此外，關於唐先生的生平
及思想體系，也不是本文所想要論述和討論的範圍。〔註 27〕最後，前面已提
及，本文的論述除了以唐先生的詮釋爲主線外，同時會以參照、對比的方式
來作論證，此中，參照、對比的主要對象，是以牟宗三爲主的當代詮釋。筆
者認爲，透過這樣的對比方式，可以將雙方見解的異同和出入鮮明地呈現出
來，由此也比較能夠看出唐先生的精彩或不足所在，並且更進一步的，也正
是本文所能加強和開展的地方。〔註 28〕

〔註 27〕關於此，可另參考李杜：《唐君毅先生的哲學》(臺北：臺灣學生書局，1983，
　　　　再版)、唐端正：《唐君毅先生年譜》，收在唐君毅全集編委會編：《年譜・著
　　　　述年表・先人著述》(臺北：臺灣學生書局，1990，全集校訂版)。

〔註 28〕唐君毅對「比較法」的價值曾如此說：「由是而使同異皆得凸顯，而所比較之
　　　　對象之具體的個體性，亦皆得凸顯。而吾人之比較之思想活動本身，亦因而
　　　　有更清楚豐富之思想內容。」，《哲學概論(上)》(臺北：臺灣學生書局，1989，
　　　　全集校訂版)，頁 202。

第二章　唐君毅對朱子理氣論的詮釋

第一節　朱子是中國哲學家中最重視生生之理者

一、生生之理乃創造性本身

　　朱子所謂的理概念，就形上學的視角而言，主要是對於宇宙萬物根源問題的說明。探討萬物根源的問題是東、西方哲學都有所論述的，對此，唐君毅曾經羅列了七種思想型態：一是認為「一切事物一切現象，合為一全體，不須另求其根原」；二是「一切界劃分明者，由界劃不分明之混沌和元氣而生」；三是「本於人能造物，使物自無而有，並主宰物而利用之；……乃謂天地萬物初由神之創造，亦由神加以主宰」；四是「以一切事物皆由無而有」；五是「以一切萬物之有，皆依於一『全有』而有而生」；六是「以一切萬物之有，皆分別依不同之因緣或原因而有」；七是「以一切萬物依一共同普遍之道或理而生，凡道與理亦皆不同於世間之存在事物之有，而又非無者。」〔註1〕以上前六點，唐先生除了舉出例子外，也都略加批評以說明其不足之處。不過因為這些部分已經超出了本文所要研究的主題，所以在此擱置不論。這裡須要說明的是，唐先生自己在萬物根源的問題上，是立足於第七點的立場的。他將這個立場的理稱為統體之道、統體之理，或生生之道、生生之理，並且更進一步說：

　　　　中國哲學家中，最重生生之道之理，而視之為萬物之一原所在，而

〔註1〕詳見唐君毅：《中國哲學原論：導論篇》，頁453～459。

> 詳發其蘊者,則爲宋儒之朱子。朱子之所論,既近承周張二程之言
> 生生之理生生之道,遠本於易傳之言生生之易,與中庸之言天之生
> 物之道,而亦遙契孟子之言「生則惡可已」,與孔子之言天道之見於
> 「四時行百物生」之旨。(《導論篇》,頁 459)

很顯然地,唐先生對於朱子思想中的生生之理給予了極高的評價,這和牟宗
三判定朱子的理是「只存有而不活動」以致於成爲儒學的歧出的觀點,[註2]
正好形成了強烈的對比。關於唐、牟兩位先生對此問題的詮釋與差異,我們
將在下一節討論太極之理的動靜問題時加以論述,現在只先就唐先生的觀點
來分析。

從論述的方式來看,唐先生是藉由西方的思想來比觀中國和朱子的生生
之理的。他如此說道:

> 自萬物之創生言,則萬物未生之際,只能說寂,其由未生而生,此
> 中之先有者,亦只能是依由未生至生之一道一理,在前爲導,而物
> 則依此生之道生之理以生。此即見天德天理天道之流行,於萬物之
> 相繼而生生不已之歷程中。此則中國傳統思想共有之大義,而爲朱
> 子之所發揮,以成其以此理此道爲太極,以主乎一切流行之氣之中
> 之思想,而爲西方之宗教思想與形上學思想所未之能及者也。(《導
> 論篇》,頁 460)

在唐先生看來,西方思想在說明萬物生生不已的問題上是有所不足的,之所
以如此判斷,這是因爲他認爲創造之所以爲創造,便是在生生不已的流行上,
然而西方對於世界卻有著末日的論述,而這其實正是一種對於創造性不能眞
正重視的觀點。對此,唐先生有所批評地說:

> 在西方中古形上學思想,謂上帝爲全有,則恒謂此流行或創造,對
> 上帝爲可有可無之外加之事,而此世界之創造與流行,乃對上帝爲
> 偶然。反此說者,乃被視爲異端。此即未能深契於「體之必行於用」
> 以表現爲流行或創造之義。(《導論篇》,頁 460)

換句話說,如果沒有了創造,不僅天地萬物將趨向終止而蕩然無存,而所謂
的創造者也就不成其爲創造者。因爲,體之所以爲體,必定得表現於用上,
否則這樣的體便無法成爲眞正的創造性。所謂「體之必行於用」,正顯示了創
造性的實體並不僅僅是一個獨立而寂然的存在,他必然要表現自身於這個現

[註2] 牟宗三:《心體與性體(三)》(臺北:正中書局,1969),頁 54。

象世界，而這也就是唐先生所重視的生生流行不已的創生歷程。接著，進一步由上述西方的思想來反觀中國，可以清楚地看到朱子所重視的不是人格神的天或帝，而是作為創造性本身的理。唐先生認為：

> 此道此理之所在，即創造者之所在，而創造者即可同於此理此道。此即以理道攝創造者之朱子思想，其所以不外此道此理，以言天言帝，而以天帝同於此理此道之故也。……故朱子註經，於言天帝處，乃皆以理釋之，謂「獲罪於天，即獲罪於理」，又釋「帝命文王」曰：「理合如此，便是帝命」（語類八十一）案古經所謂帝，蓋實為人格神，未必如朱子所訓釋；而朱子之所以必如此加以訓釋，則所以完成此以第二位之道，攝第一位之上帝之思想之發展者也。（《導論篇》，頁 460）

站在儒家的立場而言，唐先生的論點是十分合理的。因為儒家是直接就創造性本身而將之視為生生之理的，這和西方以人格神的上帝為創造者正好有著根本的區別。當然，不同的思想必然有其對於最高存有的特殊體悟與理解，因此這裡我們只須將兩者作為一種參照的對比，至於優劣高下的評判，則可以是另一種議題的討論。

底下，我們引一段《朱子語類》的問答，來看看朱子對於孔子所說的「獲罪於天」是如何詮釋的？

> 周問：「『獲罪於天』，《集注》曰：『天即理也。』此指獲罪於蒼蒼之天耶，抑得罪於此理也？」曰：「天之所以為天者，理而已。天非有此道理，不能為天，故蒼蒼者即此道理之天，故曰：『其體即謂之天，其主宰即謂之帝。』如『父子有親，君臣有義』，雖是理如此，亦須是上面有箇道理教如此始得。但非如道家說，真有箇『三清大帝』著衣服如此坐耳！」〔註3〕

朱子的這段話正是以理為最高的主宰，但這樣的主宰卻又不須要理解為像人格神那般以意志來掌控整個世界的事物，而是直接將它視為是最高的價值根據即可。並且，道不遠人，在表現「父子有親，君臣有義」等人倫之處，就是理的體現，而不須要另外祈求一個外在的具有人格神力量的權威。朱子這樣的觀點是儒家世界觀的一貫思路，價值始終安立在人文的世界裡，也始終

〔註3〕 黎靖德編、王星賢點校：《朱子語類》（北京：中華書局，1986）卷25，頁621。本文凡引述《朱子語類》者，皆依此版本，底下只於引文後標示書名（簡稱為《語類》）、卷數與頁數，不另附註。

是以人爲本位而非以神爲本位的。〔註4〕與此相關的看法，我們也能在朱子談論「天地之心」的話語中看到。

> 問：「天地之心亦靈否？還只是漠然無爲？」曰：「天地之心不可道是不靈，但不如人恁地思慮。伊川曰：『天地無心而成化，聖人有心而無爲。』」（《語類》卷1，頁4）

> 問「仁者天地生物之心」。曰：「天地之心，只是箇生。凡物皆是生，方有此物。如草木之萌芽，枝葉條幹，皆是生方有之。人物所以生生不窮者，以其生也。才不生，便乾枯殺了。這箇是統論一箇仁之體。其中又自有節目界限，如義禮智，又自有細分處也。」（《語類》卷105，頁2634）

由上述的兩段話，說明了在朱子看來，天地之心既不是冥然不起作用的死體，也不是有所謂像人一般的思慮活動，其引述伊川所說的「天地無心而成化，聖人有心而無爲」，正是藉由現實理想人格的活動來對襯出天地之心的特質所在。因爲聖人畢竟是現實有形氣的人，雖然他的本心的本質是與天同德的，但天人之間的表現方式究竟有所不同。不過，可以肯定的是，天地之心確確實實是靈妙的，這個靈妙便表現在創生的作用上。對於這個本體，朱子在這裡稱之爲仁之體，而一句「天地之心，只是箇生」，正表現了人物之所以生生不窮的根源所在，以及這個本體的本質作用。朱子這樣的思想，不僅表現在他對太極之理的創生活動上，同時也表現在他所謂的枯槁亦有性的思路上，關於這些，下面的章節將會有所處理。

從以上對朱子話語的討論，筆者以爲唐先生對於朱子的理的詮釋，是相當順適和貼切的。總括地說，唐先生確立了朱子的理是創造性的本身，而不是如西方的上帝或是其他宗教中的人格神，並且它必然是永恆不息地起著生生不已的作用的。其次，依著儒家的視角來說，唐先生認爲朱子對於萬物根源問題的說明，比西方的思想更能夠正視和重視創造之所以作爲創造的本質。

二、理、氣與西方概念的對比

接著，我們將闡述唐先生藉由西方的實現原則、形式之理以及質料等概

〔註4〕 關於儒家、道家、道教以及佛教等世界觀的差異，可參閱杜保瑞：〈中國哲學中的眞理觀問題〉，《哲學與文化》第34卷，第4期（2007年4月），頁108～113。

念，來進一步對比和解釋朱子的理、氣概念。〔註5〕從這部分的論述，將能讓我們更清晰而具體地掌握朱子對理、氣內涵的規定。首先，唐先生認爲實現原則對於西方的形上學是一個極爲重要的觀念，它是：

> 人追問一新事物之形式，何以能實現於其質料，或潛能之所以化爲現實，以使新事物得創生而存在，所逐步逼出，而必須加以肯定者也。（《導論篇》，頁464）

當然，只要我們不局限於如亞里士多德所提出的四因說等西方理論，〔註6〕而單就這個概念本身著眼，那麼實現原則就是一種表示創生之所以可能的概念，因此也就有著普遍的適用性而可以借用來說明中國在談創生問題上的觀念。因此唐先生說：

> 在中國方面，則中庸之誠，易傳之乾坤，皆具有實現原則之意義。
> 而暢發其重要性者，則爲承周張二程之傳之朱子。朱子之所以重理，
> 即重其爲一實現原則。（《導論篇》，頁465）

這一段話裡，除了明白表示中國的誠、乾坤和理等概念，具有和實現原則相當的義涵之外，並且又再一次地強調了朱子的理在傳統思想中的重要地位。總結唐先生之意，儒家從先秦便重視生生之理的概念，而到了宋代才由朱子的集大成而將這個概念充分發揮。專就宋明儒學的大脈絡來看，近代學者區分爲理學、心學和氣學三系。〔註7〕可以說，在朱子之後，理學雖然不乏繼承的人，但相對而言，心學和氣學的發展無疑有著更爲長足的開拓和進步。而之所以如此，主要便是因爲理學在朱子的手中已經可以說達到了完整理論體系的高度。因此，從這個角度上看，唐先生對於朱子思想的這個詮釋，不但能和思想史的發展脈絡相符合，而且也給予了朱子的理的內涵充實的意義，

〔註5〕 在當代以西方的形式、質料和共相、殊相詮釋朱子的理氣論者，首推馮友蘭。但馮先生將西方概念等同於朱子理氣論的詮釋，已經受到後來學者的質疑和批評。例如，丁爲祥：〈從形式與質料到眞際與實際──馮友蘭朱子詮釋芻議〉，《人文雜志》2001年，第4期，頁52～57；金春峰：〈馮友蘭《中哲史》（三十年代）論新儒家的得失之評論〉，《哲學與文化》第28卷，第7期（2001年7月），頁650～678；陳代湘：〈馮友蘭對朱子學的繼承和超越〉，《船山學刊》2003年，第1期，頁109～112。

〔註6〕 對於亞里士多德的四因說，唐君毅在書中有言簡意賅的說明，見氏著《中國哲學原論：導論篇》，頁463～464。

〔註7〕 傳統上將宋明儒學區分爲理學和心學兩系，近代則由張岱年首先提出氣學一系以成爲三系之分。見楊儒賓：〈檢證氣學──理學史脈絡下的觀點〉，《漢學研究》第25卷，第1期（2007年6月），頁248。

以及應有的價值肯定。

　　底下，我們就來看看唐先生是如何將朱子的理、氣對比於西方的實現原則、形式之理以及質料等概念。唐先生認爲：

> 朱子之所謂理，固有二義，其一義爲：一物所具之理或一事一物之極至之理。此可爲就一事一物之特定之形式構造相狀而言之理，而相當於西哲之形式之理者，於此可說物有許多，理亦有許多，物各有其理或律則，而各有其極。朱子所謂格物窮理，亦初重在分別就物之不同，以知其不同之理。然朱子所歸宗之理，則又爲一統體之理。此統體之理，即一生生之理，生生之道，而相當於西方哲學所謂實現原則者。（《導論篇》，頁 465）

就朱子的思想來說，理確實有兩種層次不同的義涵，例如他常常說階磚、竹椅、扇子、花瓶、書燈、舟車等等器物都各有各的道理，有各自不同的製法和用途。而這些器物所表現出來的理，正好與西方所說的形式之理是相近的概念。不過，依照唐先生的詮釋，我們還必須注意這兩者之間畢竟有著不同之處。因爲西方的形式之理是先於物而存在的，但朱子上述所謂的器物之理卻不是如此。對此，唐先生如是說：

> 朱子無形式之理先在之說，亦無形式之理先爲上帝所知，由其意志加以實現之說。（《導論篇》，頁 466）

筆者以爲，對於形式之理是否必須在物之先或在物之後，或許不必然須要有一定的標準，而是可以依照各別系統內部的思想來加以規定。專就朱子的思想而言，事物器具各自所具有的不同的理之所以可以說是後於物而存在，這是因爲朱子有一個統體之理能夠分別藉由萬物而表現成形式之理的思路。關於這一點牽涉到了人、物之性和枯槁是否有性的問題，我們在第四節時也會有所論述。在此，只先提點出唐先生對於朱子的器物之理有後於物而存在的觀點，並且，這些理也不是經由上帝的意志才化成現實之物的。至於朱子的生生之理，一如在前面已然提及的，在作爲說明創生之所以可能的這一點內涵上，當然是和實現原則相同的，不過，朱子的生生之理便是創造性本身，而不須要再根據於一個人格神。對此，唐先生再一次地強調說：

> 西方自亞里士多德，……實現原則唯依於上帝之意志而後可說。（《導論篇》，頁 465～466）

> 中國思想素不重上帝或天之創生物之型模或計畫，及其創生者之爲

如何如何（What），與中國重此天之創造性本身；方發展出此朱子
之直以此道此理，爲人物之生生之原，以說天命流行之思想也。（《導
論篇》，頁 466）

一方直就創造性本身談生生之理，而一方則將創生之權定位在上帝，兩者各
自不同的肯認，成就了雙方不同的思想型態，並且也深深影響著各自信仰者
的不同的價值追求和實踐方式。〔註8〕例如，一個重在天理即內在於人心，一
個則將價值頓放在上帝；前者重在人的自主權，而後者則強調虔敬的交付，
這正是不同的最高存有觀所帶來的不同的實踐方式。在這裡可以順帶一提的
是，假使所謂的宗教，其界定必須肯定人格神或預設他在世界的存在的話，
那麼儒家應當稱不上是一個宗教。不過，如果將宗教的核心性質界定在「終
極關懷」的有無，那麼儒家顯然也可以算是一種宗教，〔註9〕或者保守一點說，
至少它具有能讓人信仰的超越性和宗教性義涵。〔註10〕這個問題是相當具有
意義的，例如牟宗三便認爲儒家所成就的是一種「道德的宗教」。〔註11〕而現
代的學者之所以會有如此的提法，其中的原因、目的和效果也是很值得探究
的，但因爲這已經超出了本文的主題之外，所以在此只能點到爲止。

最後，我們來討論唐先生是如何詮釋朱子的氣的概念。他說：

除吾人須知朱子所謂統體之理，不同於西哲所謂形式之理外，亦須
知其所謂氣，不同於西哲如亞里士多德所謂一物之質料。（《導論
篇》，頁467）

依唐先生之意，此中的不同乃是在：亞里士多德的質料，是具有一定而不變
的性質的概念，因此當某一種器物的形式改變時，其質料依舊如故，只是藉
由另一種新的形式而表現爲新的事物；但是朱子的氣則繼承了伊川的說法，
認爲是一種既去便不復存在的變化不已的概念。關於此，朱子曾說：

〔註8〕　關於由本體論的差異而造成價值追求、實踐方式等等的不同，可參閱杜保瑞：
〈中國哲學的基本哲學問題意識反省〉，《哲學與文化》第 27 卷，第 9 期（2000
年 9 月），頁 843〜850。

〔註9〕　劉述先曾說：「當代新教神學家田立克（Paul Tillich）就曾經把宗教重新界定
爲『終極關懷』，這樣無神論者也可以是終極關懷的一種，只不過所信奉的對
象與一般宗教不同而已！」，《全球倫理與宗教對話》（臺北：立緒文化公司，
2001），頁 3。

〔註10〕金春峰在定位朱子的思想時，便強調信仰在其中的重要性，如其朱子專書的〈緒
論〉便以「朱熹哲學：理性與信仰」爲副標，見氏著《朱熹哲學思想》，頁1。

〔註11〕牟宗三：《心體與性體（一）》（臺北：正中書局，1968），頁 6〜7。

> 可幾問：「大鈞播物，還是一去便休，也還有去而復來之理？」曰：
> 「一去便休耳，豈有散而復聚之氣！」（《語類》卷1，頁8）
>
> 問氣之伸屈。曰：「譬如將水放鍋裏煮，水既乾，那泉水依前又來，
> 不到得將已乾之水去做它。」（《語類》卷1，頁8）

第二段的比喻相當的生動，說明了已經散去的氣就像是已經乾枯的水，不存在更沒有作用，當然也無法再成爲新的器物。〔註12〕朱子的這種思路，其實是相應於他的理氣論的，所謂理常而氣變是也。因此，唐先生將朱子的氣和亞里士多德的質料加以區別，是相當合理的。而再進一步，唐先生便對中國思想中的氣提出了其本身的內涵性質，他認爲：

> 溯中國宇宙論思想中，氣之觀念之所以立，初實由觀物之能自化
> 而立。在物之自化之際，則一物原表現之一形式，固化而不存，
> 其質亦化而不存。在此中，物固無定形留滯於後，亦無定質可改
> 爲他物之質。當此形質既化，尚可言餘存者，即只此有形質者，
> 所化成之無形質之一「動態的有」。此一有，即名爲氣。所謂氣之
> 化而爲物，亦即此氣之由無形質之一有，而化爲有形質者之謂。
> （《導論篇》，頁468）

氣雖然是無形無色的，但並不是完全的虛無，唐先生在此將它稱之爲「動態的有」。從這樣的一種界定中，我們應該可以說，具體的萬物其實就是這個「動態的有」的某種凝聚成形的表現方式或樣態。不過，在具體存在的萬物之中，氣仍然是以一種動態的有的方式在變化著，而這也就是萬物之所以生而化、化而生的必然性。當然，具體的存在除了氣之外，還蘊含著理；理、氣的相合而成就萬物的存在，這已經是學者們對朱子思想的共識。此外，從「動態的有」這一個概念中，我們也能夠想到：那麼理是否也是一種「動態的有」，或者只是一種「靜態的有」？而如果只是靜態的，那麼將如何創生萬物？這

〔註12〕對於伊川和朱子的這種觀點，蒙培元曾運用自然科學的知識來作評論。他說：
「後來朱熹批評張載用氣化學說批判佛教輪迴說，反而陷入了大輪迴。這確實指出了張載學說的困難，但程頤的氣有生滅之說，卻有更大的困難，他與自然界物質不滅，能量守恒規律顯然是矛盾的。但是從熵的觀點看，作爲能，既返之氣，雖不是消滅，卻不能再作功了。從這一點說，他又比張載的理論高明一些。」氏著《理學範疇系統》（北京：人民出版社，1989），頁15。引文中之「熵」，音如「滴」，乃物理學上的一種理論，然此非筆者所能處理之問題，是以略而不談。

其實也就是牟宗三對朱子思想的一個最大的質疑，並且成為他判定朱子是儒學歧出的主要論斷。〔註13〕對此，我們在下節將對比唐、牟和其他學者們的見解，並試圖說明其中的差異與較為合理的可能詮釋。最後，我們再引一段唐先生的論述，以作為這一節的結語。他說：

> 無定形無定質之氣，亦非「有即常有，存即常存」之氣，而只能是一在生生歷程中或流行歷程中之氣，亦即其本身在生而化、化而生之歷程中之氣。此氣之生而化，化而生之歷程之相繼，尤不能無理以貫乎其中，而主乎其中。（《導論篇》，頁468）

這段論述簡明扼要地提點出了朱子的理、氣思想的深義：氣之所以成為氣而能流行創生萬物，並不是氣的本身即能達到的，它的根據和動力依然是在理。唐先生所謂的理貫乎氣之生生流行不已的歷程中而又主宰之，實際已經替朱子的理提供了作為創生性的合理解釋，而所謂氣是「動態的有」，其「動態」的意思應該是在強調它是一種依理而能生而化、化能生的歷程，但就其本身來看，它是生滅不已而不能長存的。換句話說，「動態的有」的推動者是永恆而生生不息的理。

第二節　朱子之太極乃自運其體以成就動靜之活理

一、綜述當代對太極動靜的見解

就宋代的儒學而言，朱子無疑是最重視濂溪〈太極圖說〉的人，並且更是首位將太極視同為理的人。陳榮捷曾說：

> 朱熹於周子著作中特表揚圖說並予以重要地位，使之成為新儒學哲學之基石。自朱子以來，太極圖說已為新儒家形而上學討論之起點。……唯有朱子始創明太極即理。此一創明，乃朱子本人以新儒學為理學之發展所必需。〔註14〕

而唐君毅也認為在朱子之前的橫渠、康節和二程，雖然都有其本體概念，但卻都不是以太極為主軸，他說：

〔註13〕牟宗三此論點在其著作中多次提及，如《心體與性體（一）》，頁81、84、370、566〜567。

〔註14〕陳榮捷：《朱學論集》，頁8〜9。

而朱子則進此一步，逕謂此生生之理即太極，逕謂太極爲理，以使
二程之言性理，與周子之言太極，重相涵接，亦與張橫渠邵康節之
求客觀之「見易」「觀象」，以論天地萬物之理之精神相孚應，而遙
與漢儒陰陽五行之論相交涉。（《導論篇》，頁 452）

由陳、唐兩位先生的論述，可知朱子將太極視同爲理的重要性，而也正是因
爲如此，從朱子和弟子、時人的討論開始，一直延續到當代，朱子的太極思
想始終是後學者爭相論辯的重大課題。這其中，又以太極的動靜問題爲最核
心的關鍵所在。之所以如此說，是因爲對於這個問題的不同詮釋，將會讓整
個朱子思想成爲截然不同的面貌。

我們先看楊儒賓所說的一段話，以作爲下文說明的導引。楊先生說：

自從朱子以其不世出的材質、精力絕倫之構思能力，嚴格區分理氣以
來，學者多知道「理存有而不活動，氣活動而無規範」之義。而凡對
此劃分不滿意之儒者，總會思考如何重新調整兩者的關係，這樣的焦
慮一直是形構他們的理論之核心關懷。「理——氣」當中，「理」的「活
動」問題尤爲關鍵。爲了打破朱子的「理」之靜態存有觀念，學者採
取的路線，一條是取消理的形而上性格，理即是氣之理，這樣的校正
已完全走出了理學的藩籬；一條是恢復北宋理學中理兼俱動能的性
格，亦即理氣合一，或牟宗三所謂「即存有即活動」之義。〔註15〕

楊先生的這段話，除了顯示朱子之理的重要性之外，更提及了在思想史的發
展上，有著兩條對於朱子之理的修正路線。〔註16〕這兩條路線雖然對本體的
定位有所不同，但在「打破朱子的『理』之靜態存有觀念」的目的上卻是相
同的。其實，在以上兩條路線之外，還可以再加上另外的路線，例如杜保瑞
和丁爲祥的見解。杜先生認爲：

就形上學存有論問題而言，朱熹對於理的只存有不活動的特性的認
知，是對理概念的存有論討論的經典之作，是有開發儒學義理世界
的創造性貢獻之作，當問題意識是針對形上道體或個別存有原理的

〔註15〕楊儒賓：〈檢證氣學——理學史脈絡下的觀點〉，頁265。此外，關於「即存有
即活動」中所謂的「活動」，牟宗三曾界定說：「活動是 "activity" 義，不是
運動 "motion" 義。」，《心體與性體（一）》，頁 386～387。又見《心體與性
體（三）》，頁 478。

〔註16〕關於後世對朱子之理的不同意見，可參閱丁爲祥：〈朱子本體意識的裂變及其
意義〉，《中國文哲研究通訊》第 13 卷，第 2 期（2003 年 6 月），頁 101～116。

存有特徵作討論時，則此理便只能是朱熹所論之義。〔註17〕

杜先生這個說法是針對牟宗三的詮釋而發的，他認為牟先生將朱子的理詮釋為只存有而不活動是相當準確的，但是，朱子這樣的思路不但不是什麼缺失，更不能依此而說成是別子為宗，相反的，朱子這樣的論點是十分合理並且對整個儒學有著重大的發展意義。〔註18〕與杜先生之意相近，丁先生在評論曹端對朱子之理的詮解時說：

> 動靜問題是朱子本體意識重要的組成部分，其理氣人馬之喻的本意也是為了顯現太極本體之「淨潔空闊」的形上性質，……如果說太極不會動靜顯現的正是其作為形上本體之必備的品格，那麼，當太極能夠啟動發用後，它就不再是萬物的本體而只能是宇宙的生化之源了。理學從本體論向宇宙論的轉向，就這樣開始了。〔註19〕

丁先生認為就本體論而言，朱子的太極不會動靜和啟動發用，正是形上本體的必要特質，而曹端用「活人乘馬」來說朱子的理應當是「活理」，卻反而讓朱子的本體的形上性質被消解了。上述兩位先生都強調：就作為形上本體的本身特質而言，理的不活動正是合理而正當的觀點。

此外，如果曹端對朱子之理的詮釋也算是即存有即活動的話，〔註20〕那麼這樣的詮釋在現代也是不乏其人的。底下以成中英和蒙培元的說法為例。成先生認為朱子對於太極之理的說法，確實存在著讓學者將它理解為「二元

〔註17〕杜保瑞：〈朱熹哲學研究進路〉，頁106。相同之論點又見〈書評：劉述先《朱子哲學思想的發展與完成》〉，《哲學與文化》第31卷，第8期（2004年8月），頁127～128；〈朱熹形上思想的創造意義與當代爭議的解消〉，《國立臺灣大學哲學論評》第33期（2007年3月），頁38～39。

〔註18〕杜先生對中國哲學的方法論十分地重視，並且也自覺地依其所提出的哲學基本問題作為詮釋的架構，例如他說：「筆者以為，設定中國哲學的基本哲學問題的解釋架構中，是以宇宙論、本體論、工夫論、境界論為系統，再加上存有論的部分，即是中國哲學基本問題的完整系統，以這樣的系統來談中國哲學的問題，才會獲得清晰且明白的問題意識。」〈朱熹形上思想的創造意義與當代爭議的解消〉，頁48。其中，關於存有論的部分，杜先生認為這是在對存有作抽象性徵的概念定義，而不是在討論存有的活動或實踐，依著這樣的思路，所以他認為單就存有論的問題而言，說理是只存有而不活動正是對形上道體作了準確的概念界定。

〔註19〕丁為祥：〈朱子本體意識的裂變及其意義〉，頁102。

〔註20〕關於曹端之說，牟宗三認為：「彼以為濂溪所言之太極是『活理』，是也，但以為朱子注語所說之太極亦是活理，至於《語錄》才成『死理』，則非是。」，《心體與性體（一）》，頁388。

化的理氣論和靜態化的理學思想」的可能缺失，不過他進一步說：

> 但這是由於他思索方式與認知能力的限制，而非其刻意製造出來的
> 理論前提，故不能遽謂其爲理氣二元論者，或理存有而不活動者。
> 推其尋求義理的圓融條貫之旨，我們可以解除他的認知上的缺失，
> 而直接面對他提出的「太極只是理」的眞正理論效果：……由於太
> 極具有生化之功能，太極爲理氣統一之體，依其自性而產生氣之理，
> 也因其自性而含生理之氣。理氣不但統合無間，而且也因相互分化
> 而相互發生，這才是有關理氣關係應有的結論。〔註21〕

依成先生之意，因爲朱子的太極是生化的根源，所以它本身應當是理與氣統
一的實體，因此便應當是即存有即活動的。同樣認爲朱子是理氣一元論，但
蒙先生言之又別有一番風味，他說：

> 所謂體，是普遍超越的實體存在，所謂用，則是它的現實作用，即
> 現象界的具體存在及其過程。……實際上，朱熹哲學中的太極和陰
> 陽，理和氣、理和物、道和器都是指體用關係，即本體和作用的關
> 係。氣和物，在朱熹哲學中，處在同一個邏輯層次上，它們只是生
> 成關係，而不是體用關係，但生成關係在朱熹的邏輯範疇中，都是
> 形而下者，也都是現象界。只有形而上之理，才是本體存在。……
> 本體只有一個，既存在又流行，以其流行實現其本體，形成宇宙自
> 然界生生不息的過程，這就是體用合一。〔註22〕

蒙先生的觀點十分吸引人，他以本體及其作用的關係來論述朱子的理氣論，
具有相當的說服力。近來姜眞碩〈由體用論再考察朱子的道體思想〉，可說是
以蒙先生「體用關係」和「既存在又流行」的論點爲根基，並藉由朱子對《論
語・子罕》「子在川上」一章和《中庸》第十二章「君子之道，費而隱」的相
關討論而加以鋪陳的。姜先生認爲：

> 就朱熹而言，道體之流行是道之體通過形下之器體現自己的整體過
> 程。道之體發見爲道之用的總過程，隱含著自體至用的遷移（move）
> 及由體顯用的轉移（transform）因素。〔註23〕

〔註21〕成中英：《合外內之道：儒家哲學論》（臺北：康德出版社，2005），頁254～
255。成氏對朱子可能之缺失的論述頗爲複雜，本文在此暫且省略。

〔註22〕蒙培元：《理學範疇系統》，頁156～157。

〔註23〕姜眞碩：〈由體用論再考察朱子的道體思想〉，收在祝平次、楊儒賓編：《天體、
身體與國體：迴向世界的漢學》（臺北：國立臺灣大學出版中心，2005），頁

姜先生之意與蒙先生相同，都是強調朱子所謂道體的流行乃是一個整全的過程，是一個由本體必然產生作用的過程。與之可以相參而又頗為有趣的是，林維杰也撰有〈朱子體用論衡定〉一文，但因為其對朱子的理氣思想是接受牟宗三「只存有而不活動」的判斷，所以得出的結論是：

> 若就太極與氣、理與心、心與法則的對峙或分離來說，體、用兩者
> 便成決裂之勢。〔註24〕

一如我們前面所提及的，對朱子之理的動靜問題的不同看法，形成了朱子思想面貌的兩種極端現象。

　　以上花了相當的篇幅介紹了一些當代學者對朱子太極之理的看法，如果用「眾說紛紜，莫衷一是」來作為形容應該是不為過的。總括地看，除了將理的形上性取消的一路暫且擱置不論外，可以說，對於朱子的太極之理主要是圍繞在：究竟是「只存有而不活動」，還是「即存有即活動」的見解上。然而，即使是主張「只存有而不活動」的一方，卻也有著正反兩極的評價差異，例如牟宗三依此而判朱子為儒學的歧出，而杜保瑞則高度肯定朱子此說的價值；至於認為是「即存有即活動」的一方，也存在著理、氣的體用或離合的差距，例如成中英認為理、氣一體互為體用，〔註25〕而蒙培元則強調理體而氣用。〔註26〕換句話說，或則認為形上的理本身應當是能活動而起作用的，並且朱子的太極之理便是如此；或則認為理本身應當活動，但朱子的理卻無法作用；或則認為理本身原本就是不活動的，而朱子的理正符合了這個性質。顯然，在種種分歧的見解之下，表示了學者們的切入視角、詮釋視野存在著巨大的差異。就此而言，朱子的太極之理的動靜，確實是個足以令人頭痛的問題。因為這當中所牽涉到的層面實在相當複雜，除了形上的理本身究竟應

275～276。

〔註24〕林維杰：〈朱子體用論衡定〉，收在黃俊傑、林維杰編：《東亞朱子學的同調與異趣》（臺北：國立臺灣大學出版中心，2006），頁102。林氏此意與牟宗三相近，見牟氏《心體與性體（一）》，頁401～402。

〔註25〕成中英：《合外內之道：儒家哲學論》，頁255～256。

〔註26〕蒙培元：《理學範疇系統》，頁43～44。和蒙氏之意相近，姜真碩也曾說：「由體用之過程義論朱子道體，則此道體不可謂『即存有即活動』的實體，因為此命題中從體為用的過程因素無法揭露出來。……簡言之，勉強可說『既存有又活動』的全體。」，〈由體用論再考察朱子的道體思想〉，頁276。姜氏之意乃在強調：朱子的體雖必呈現為用，但體、用不可混同，必由體方能呈現用，反推則不然，是以用「既存有又活動」一詞較為合宜。

不應該有活動而能起作用之外，還有像：動靜概念的定位在理、氣兩者中是否有差異？理究竟能不能或者該不該生氣，如果能，則又是如何的生？理、氣究竟應該是一元還是二元，而又是何種方式的一元或二元？凡此種種，都是意見分歧而不易解決的問題。對此，唐君毅曾有如下的陳述：

> 朱子嘗言於太極「有時看來頭痛」，可知其於此問題之思想，亦非無轉折。彼又自言初嘗以太極爲體，動靜爲用，後又謂其言有病，此即爲其思想之一大之轉折所在也。（《導論篇》，頁472）

可見，即使就朱子本人而言，太極與動靜的問題也是十分不容易解決或解釋的。底下，我們將專就唐君毅和牟宗三的論點加以討論，這一方面是爲了闡述的方便與集中，另一方面也是因爲筆者以爲唐、牟二人的詮釋可以視爲上述當代觀點的原型和典型。當然，論斷的基礎和根據仍然須落在朱子本人的話語。

二、論牟宗三「只存有而不活動」說

我們先看牟先生是如何認定朱子之理是只存有而不能活動的，他說：

> 唯因（一）、將此「所以然」之表示方式視爲存有論的推證，或視爲對于陰陽氣化之「然」所作的存有論的解析，（二）、通過格物窮理之方式以把握之，（三）、再加上于此所推證者不能明澈地說其神義以及寂感義，（四）、在心性方面不能明澈地言心性是一，而卻言性只是理，仁是性、愛是情，心如穀種、生之理是性，發出來是情：這樣，此「所以然」所表示之形而上之道才成「只是理」，只存有而不活動者。〔註27〕

在這一段裡，牟先生列舉了四點用以判定朱子之理乃是只存有而不活動的理由。這四點理由中，前兩者屬於方法上的意義，後兩者則是屬於內容上的意義。底下，我們便嘗試對這些理由進行討論，以說明其有可商榷之處。在此，我們可以先刪除掉最後一項理由，之所以加以刪除，主要原因有二：一是筆者對於朱子的心性關係與牟先生所見有所不同，依牟先生之說，則朱子的心、性不但不是一，而且甚爲割裂，筆者對此則持不同意見。關於這部分，將留待第三章的心性論中專門討論。二則是因爲通觀牟先生的論述，便會曉得他一向認爲朱子的性是不能發用的「但理」，〔註28〕然而這個觀點卻又是根據他

〔註27〕牟宗三：《心體與性體（二）》（臺北：正中書局，1968），頁259～260。
〔註28〕牟宗三：「在朱子，性只是理，是不能自出自發者。」，《心體與性體（三）》，

先判定了朱子的理是只存有而不活動，而因為性即是理，所以性便也是不活動的但理。依著這兩方面的原因，所以我們便先予以刪除。

　　其次，我們來討論第三點有關神義的問題。對於朱子思想中「神」的概念，牟先生有如此的說法：

> 若依前節觀之，神屬氣，是形而下者，其態度甚明顯。但以下各條又說神是形而上者，此似乎神體即是太極。但其將神視為形而上者，融于太極而言之，是否能保持神之實體義，尚難說。神亦可能只是作為形容詞之虛位字。如是，神只是形容理而虛脫，亦如其言天地之心之只成虛脫，並無心體義。總因其對于道體不能理會為理體、心體、誠體、神體是一之道體，理會為「即存有即活動」之道體，故對于心體、神體、總不能明確地正視之、而認為即是太極也。〔註29〕

在牟先生的這段話裡，我們至少能夠得知兩個方面的訊息：首先，在朱子的思想裡，神有時屬於形而下者，有時又似乎是屬於形而上者。這是單就朱子而言。其次，在牟先生的系統裡，他認為神必須就是本體，而不能只視為作用。這是牟先生對於神的界定。先就第一點來說，在朱子的話語裡，對於神一概念確實有著不同的說法。例如牟先生指出在《語類》討論明道的「上天之載無聲無臭，其體則謂之易，其理則謂之道，其用則謂之神」時，朱子明確將當中的易、道、神，分別類比為人的心、性、情，〔註30〕而其中的情既然是形而下的氣，那麼神也就是一樣的。〔註31〕這說法有其合理性。不過牟先生也指出《語類》在討論濂溪的「動而無動，靜而無靜」時，也有很能顯示神之超越性的話語。〔註32〕既然如此，那麼我們究竟該如何看待朱子的詮釋呢？牟先生如是說：

> 在其自覺的解析中，或是視神為氣，亦形而下者，或是視為形而上者，但卻只是理，而神則只成為形容或讚嘆理之虛位字。此兩解析

　　頁421。

〔註29〕牟宗三：《心體與性體（三）》，頁452。引文中的「前節」，指《朱子語類》卷95中，對於明道所說「上天之載無聲無臭，其體則謂之易，其理則謂之道，其用則謂之神」的討論。而「以下各條」則指卷94中，關於濂溪《通書》的討論。

〔註30〕《朱子語類》卷95，頁2422～2423。

〔註31〕牟宗三：《心體與性體（三）》，頁451。詳細的論述可另見《心體與性體（二）》，頁21～41。

〔註32〕牟宗三：《心體與性體（三）》，頁461～462。

雖不合濂溪原意，然在朱子思想中卻甚一貫。〔註33〕

這一段論述，與上一段引文相呼應，而又更明顯地指出：不論朱子的神是形而上或者是形而下，總之並沒有以神爲本體的意義卻是相同的。對於牟先生的說法，筆者只能認同一半。以下引述朱子的話語來嘗試論證。

在〈答杜仁仲〉的兩封書信中，朱子分別有如下的說法：

> 但謂「神即是理」，卻恐未然，更宜思之。

> 神是理之發用，而乘氣以出入者，故《易》曰：「神也者，妙萬物而爲言者也。」來諭大概得之，但恐卻將「神」字全作氣看，則又誤耳。〔註34〕

顯然，朱子這裡所說的理和神的關係，應該詮釋爲本體及其發用的關係。神是本體的發用，這是確定的，但依照朱子對概念界定往往要求清晰而言，作用畢竟仍是作用，是不能等同於本體的。〔註35〕但正如前面已提及的，牟先生對朱子所謂神的質疑，主要便是他認爲神本身就是本體，而不能如朱子那般只當成作用來看。因此牟先生再三地強調說：

> 此神用即是體，理亦是此神用之本具（本體論地具、非認知地具），故神用即是理。神如如呈現即是理如如呈現。此是即存有即活動之實體、妙體。此神用是扣緊體說，其自身即是體，不是普通體用之分別說，亦不須假借別的來見，亦不是落于陰陽動靜上說。〔註36〕

凡是閱讀牟先生之作的人，應當都能夠發現他十分強調如道體、理體、心體、性體、誠體、仁體、中體、神體等等的同一。單就現在所討論的神一概念而言，以神爲體是否符合《易傳》「陰陽不測之謂神」、「神也者，妙萬物而爲言者也」，或濂溪的「動而無動，靜而無靜，神也」、「寂然不動，誠也；感而遂

〔註33〕牟宗三：《心體與性體（三）》，頁462。

〔註34〕分別見朱熹著，陳俊民校編：《朱子文集》（臺北：德富文教基金會，2000），卷62，〈答杜仁仲四〉，頁3083、〈答杜仁仲六〉，頁3084。本文凡引述《朱子文集》者，皆依此版本，然斷句和標點之方式則不必然依其所定。並且，底下只於引文後標示書名（皆簡稱爲《文集》）、卷數、篇名與頁數，不另附註。

〔註35〕《語類》卷94，頁2404，有一條記云：「問：『「動而無靜，靜而無動，物也；靜而無靜，動而無動，神也。」所謂物者，不知人在其中否。』曰：『人在其中。』曰：『所謂神者，是天地之造化否？』曰：『神，即此理也。』」。此條應是《語類》唯一明言「神，即此理也」的，然此似是孤例，因其與其他記載不符，是以筆者不據此以立論。

〔註36〕牟宗三：《心體與性體（三）》，頁455。其書頁451～464，即全在說明此義。

通，神也」的原意，其實是可以商榷的。在朱子對上述文獻的詮釋中，確實不像牟先生那樣將神視爲是本體，而只視爲是本體所發出來的妙用。例如他在注解濂溪的「寂然不動，誠也；感而遂通，神也」便說：

> 本然而未發者，實理之體；善應而不測者，實理之用。〔註37〕

又例如：

> 又問：「『以功用謂之鬼神，以妙用謂之神』，二『神』字不同否？」
> 曰：「『鬼神』之『神』，此『神』字說得粗。如〈繫辭〉言『神也者，
> 妙萬物而爲言』，此所謂『妙用謂之神』也；言『知鬼神之情狀』，
> 此所謂『功用謂之鬼神』也，只是推本《繫辭》說。(《語類》卷67，
> 頁1651）

對於牟先生將神界定爲本體，筆者認爲在其自己的系統中，他當然有權力如此加以定位。但同樣的，對於神這一概念，朱子也有權力將它定位在本體所發出來的妙用上，而且筆者以爲以此來解釋《易傳》和濂溪的話語應該是更合適的。其實，以神來形容本體所發用出來的妙用，從這當中便能知曉道體必有其活動義、作用義，而並非必須將神當作本體才能說道體有活動和作用。我們可以看看牟先生說過的一段話：

> 吾人即本孟子《中庸》《易傳》說此實體是心、是神、同時亦即是理；
> 自其自定方向言，即是理；自其妙用言，即是神；而此自定方向與
> 妙用皆是心之定、心之妙，即皆是心之活動，即此而言之即曰心。
>
> 〔註38〕

筆者依然肯定牟先生能夠替其所認爲的實體下定義，但既然是「自其妙用言，即是神」，那麼便允許說神原本就是用來形容道體的作用的，雖然可以即用以見體，而且也必須即用才能見體，但卻不必要以用爲體。換句話說，筆者以爲牟先生對於神的理解方式是自成一個思路的，然而對於朱子，甚至是《易傳》和濂溪而言，卻似乎並不能相應。在此，筆者願意引述錢穆的一段話來

〔註37〕 朱熹：《通書注》，收在朱傑人、嚴佐之、劉永翔編：《朱子全書》第13冊（上海：上海古籍出版社、合肥：安徽教育出版社，2002），頁101。

〔註38〕 牟宗三：《心體與性體（三）》，頁478。又，楊澤波曾說：「儘管牟宗三反復強調『天心』是一個整體，但實際上眞正發揮作用的是心而不是天。」，〈橫攝系統與超越存有——從朱子看牟宗三的超越存有論及其缺陷〉，《學術月刊》2005年，第2期，頁68。此說有其參考價值，然楊氏文中認爲儒家只有以心爲主的「道德存有論」，而沒有以天爲主的「超越存有論」，筆者則採取保留之態度。

作爲本文的立場，錢先生說：

> 宇宙固有此妙用之神，亦非實有此神以發此妙用，乃只就其有妙用
> 而謂之神也。此妙用可以見，故曰形而下。然深言之，太極可謂即
> 是理，卻又不得謂之即是神。神終不是此宇宙之體，惟是宇宙之妙
> 用，則可形容之爲神耳。〔註39〕

筆者以爲錢先生此處的說法是比較能夠和朱子相應的，因此與其將所有概念
拉攏在一起，倒不如各安其位，因爲以神爲形容本體之妙用，一方面讓本體
和作用的概念清晰地區分開來，二方面也早已預設、肯定了本體必須也必是
能活動而起創生作用的。

　　以上是在意義內容上，牟先生對朱子之理只是但理的判斷。接著，我們
再來看牟先生在方法意義上所提出的存有論的解析和格物窮理的方式。這兩
種說法其實是相近的，且看牟先生如是說：

> 朱子之說所以然之理是由對於存在之然做存有論的解析推證而得，
> 不是就道德實踐之所以可能逆覺而得，故自始即定死者。在此直接
> 推證中，無法加上心義與神義。是以實體必成「只存有而不活動」
> 者，是即喪失其創生義。……孟子、《中庸》、《易傳》所言之性體、
> 道體並不能採取順取之路，由存有論的解析去推證，並由格物窮理
> 之方式去把握。〔註40〕

牟先生所謂的「存有論的解析」，意思是由存在之然以推證其所以然之理，這
可以說是一個抽象的基本原則，至於其進行的方式便是透過格物以窮理，而
這則是屬於具體的落實方式。牟先生十分強調形上的實體的道德性，並且認
爲只有逆覺的道德實踐進路才能眞正掌握這個實體，而在他看來，朱子的系
統只有順取的格物窮理，因此對於道德的實體始終無法契及，也因此對於正
宗儒家的義理根本把握不住。〔註41〕單就儒家而言，將形上實體定位在道德
義上，這是甚爲合理的，而強調對實體的體悟必須藉由道德的實踐進路，也
是可以接受的。但是，所謂的道德的實踐進路，是否只能是牟先生所謂的逆
覺體證，而不能有其他途徑，則筆者持保留的態度。退一步說，即使我們暫

〔註39〕錢穆：《朱子新學案（一）》，頁342。
〔註40〕牟宗三：《心體與性體（三）》，頁479。
〔註41〕此義可說是牟宗三《心體與性體》三大冊的宗旨所在，可參閱《心體與性體
　　　　（一）》，頁79～87；《心體與性體（三）》，頁476～485。

且接受必定得由逆覺體證來契悟道體，然則朱子是否便沒有這樣的進路，其實這也是能夠提出來商榷的。筆者以爲朱子同樣也有逆覺體證的工夫進路，只是無可諱言的是，他並不以此爲唯一的進路，而且整個工夫理論也並不是以此爲闡述的重心。關於這部分，請留待第四章探究工夫論時，再加以詳細的說明與舉證。事實上，直接坦率地說，牟先生判朱子是儒學的歧出的主要原因是他認爲朱子的理只是但理，然而這個判定與其說是建立在對朱子話語的理解，倒不如說是建立在他所認定的朱子的推論方式上。就牟先生的意思而言，他幾乎不認爲朱子有道德實踐的工夫，或者說，他認爲朱子的工夫根本不是眞正的道德進路，而只是透過存在的實然以推證其所以然之理的概念上的解析活動。朱子有其所謂的存有論的解析，這是無須否認而可以接受的，但說朱子只有以如此的方式來理解形上實體，卻是我們無法認同的。〔註42〕朱子的道德意識之強烈及其道德實踐之堅定，透過現存的文獻是能清楚看見的。關於這一點，唐先生便能夠十分地重視和肯定，他認爲朱子對於形上實體的體悟首先是通過道德生活的實踐而得到的。這在下一節，我們將有所專論。總括以上所說，筆者並不接受牟先生所提出的四點判準，當然，也就無法採納他判朱子的太極之理是不能起創生作用的但理。而藉由對牟先生的判斷的解除，相信能夠讓我們對朱子本身的話語給予更直接的正視和重視。

三、唐君毅對太極動靜的詮釋

　　底下，我們便回到唐君毅對朱子太極之理的動靜問題的詮釋。唐先生云：

> 推朱子後來之意，其不自慊於太極爲體陰陽爲用之說者，蓋是言太極爲體，陰陽爲用，則一理之體，與其二用，若不相關涉。朱子爲欲明太極在陰陽動靜中之意，乃終改而曰：「太極者，本然之妙也；動靜者，所乘之機也。」而本之以註太極圖說。此爲朱子對此問題之定論。依此義而朱子乃更重在說明太極即在陰陽動靜之中。（《導論篇》，頁473）

唐先生說朱子後來所改定的說法，主要是在說明「太極即在陰陽動靜之中」，這是相當合理的論斷。關於太極之理與陰陽之氣的相合而不離的關係，下文

〔註42〕謝大寧對牟氏以「存有論的解析」來定位朱子之格物曾有所質疑，見氏著〈「詮釋」與「推證」——朱子格物說的再檢討〉，《中正大學中文學術年刊》第6期（2004年12月），頁171～189。

將有專節論述。筆者在這一段話語裡，更注意的其實是「太極為體，陰陽為用」所引出的問題。何以如此說？我們且先看朱子的一段話：

> 熹向以「太極」為體，「動靜」為用，其言固有病，後已改之曰：「太極者，本然之妙也；動靜者，所乘之機也。」此則庶幾近之。……然蓋謂「太極含動靜」則可，以本體而言也。謂「太極有動靜」則可，以流行而言也。若謂「太極便是動靜」則是形而上下者不可分，而「易有太極」之言亦贅矣。（《文集》卷45，〈答楊子直一〉，頁2009）

如果我們稍微仔細加以留意，便會曉得朱子在這裡談的其實是太極和陰陽的關係，而並不是太極本身的動靜問題。上述話語中的「動靜」，其實指的都是「陰陽」，因此在唐先生的論述裡，才能夠將朱子原本的「『太極』為體，『動靜』為用」，直接表述為「太極為體，陰陽為用」。與此相近的談法，我們還可以在其他地方得到印證，例如朱子在《太極圖說解》便說：

> 太極者，本然之妙也；動靜者，所乘之機也。太極，形而上之道也；陰陽，形而下之器也。是以自其著者而觀之，則動靜不同時，陰陽不同位，而太極無不在焉。自其微者而觀之，則沖漠無朕，而動靜陰陽之理，已悉具於其中矣。雖然，推之於前，而不見其始之合；引之於後，而不見其終之離也。故程子曰：「動靜無端，陰陽無始。」非知道者，孰能識之。〔註43〕

這一段話除了再次證明唐先生所謂的「朱子乃更重在說明太極即在陰陽動靜之中」，也同時說明了這裡朱子的「太極者，本然之妙也；動靜者，所乘之機也」，只是在說明太極和陰陽的關係，而卻不是在討論太極本身是否有動靜的問題。

何以筆者要強調這一點，這是因為與此相關的人馬之喻，其實也不是直接就著太極本身的動靜問題來談，而是聯繫著理、氣之間的關係來作說明的。《朱子語類》有如下的記載：

> 陽動陰靜，非太極動靜，只是理有動靜。理不可見，因陰陽而後知。理搭在陰陽上，如人跨馬相似。（《語類》卷94，頁2374）
>
> 問「動靜者，所乘之機」。曰：「太極，理也；動靜，氣也。氣行則

〔註43〕朱熹：《太極圖說解》，收在朱傑人、嚴佐之、劉永翔編：《朱子全書》，第13冊，頁72～73。本文凡引述《太極圖說解》者，皆依此版本，底下只於引文後標示書名與頁數，不另附註。

> 理亦行,二者常相依而未嘗相離也。太極猶人,動靜猶馬;馬所以
> 載人,人所以乘馬。馬之一出一入,人亦與之一出一入。蓋一動一
> 靜,而太極之妙未嘗不在焉。此所謂『所乘之機』,無極、二五所以
> 『妙合而凝』也。」(《語類》卷94,頁2376)

第一段明言太極之理有動靜,只是不同於陰陽之氣的動靜而已。第二段則依然是在說理、氣的相依而不離的關係,並且這裡的「動靜」全是用在形容氣的狀態,而不是在描述太極之理。所謂的「馬之一出一入,人亦與之一出一入」,只是在表明「太極之妙未嘗不在焉」,也就是說,著眼點是在強調氣的動靜過程中,太極之理始終不離而加以主宰的關係,卻不是在說明太極本身的動靜問題。釐清人馬之喻的重點所在後,便比較容易擺脫許多對於朱子之理只是不活動的但理、甚至是死理的質疑。這一點甚關重要,因為許多學者都是藉由理乘氣如人乘馬之喻來說明或斷定朱子的太極之理是不能活動的。〔註44〕再進一步說,筆者以為朱子有明確以太極之理為有動靜而能活動的話語。除了這裡所引的第一段記載外,相近的文獻其實所在多有。例如,當鄭可學詢問說:

> 《圖》又曰:「太極動而生陽,動極而靜,靜而生陰。」不知「太極,
> 理也」,理如何動靜?有形則有動靜,太極無形,恐不可以動靜言。
> 南軒云:「太極不能無動靜」,未達其意。(《文集》卷56,〈答鄭子
> 上十四〉,頁2721)

對此疑問,朱子回答說:

> 理有動靜,故氣有動靜;若理無動靜,則氣何自而有動靜乎?且以
> 目前論之,仁便是動,義便是靜,此又何關於氣乎?他說已多得之,
> 但此處更須子細耳。(《文集》卷56,〈答鄭子上十四〉,頁2721)

從這裡我們可以看到,朱子明言太極之理有動靜,也就是說具有能活動且能起作用的意思。但是,如果我們直接說「太極便是動靜」,這便會讓人有形上和形下不分的誤解。鄭可學問說:「有形則有動靜,太極無形,恐不可以動靜言」,這個質疑是將動靜只限定在有形可見或形下的能感知的範圍,然而朱子

〔註44〕除前面已提及的明代儒者曹端、現代學者丁為祥外(見丁氏〈朱子本體意識的裂變及其意義〉,頁102),又如陳來:《朱子哲學研究‧第四章 理氣動靜》(上海:華東師範大學出版社,2000),頁100~106;林維杰:〈萬物之理與文章之理──朱熹哲學中形上學與詮釋學的關連〉,《揭諦》第4期(2002年7月),頁105。

的回答則明確地區分了理的動靜不同於氣的動靜。正如前面所引的《語類》說「理不可見，因陰陽而後知」，形上之理的動靜無法直接透過感官得知，而是必須透過形下之氣的動靜才能體會的；換個角度看，也就同時表示了兩者的動靜畢竟是不相同的。《語類》又有一條鄭可學和朱子之間的問答：

> 問：「動靜，是太極動靜？是陰陽動靜？」曰：「是理動靜。」問：「如此，則太極有模樣？」曰：「無。」問：「南軒云『太極之體至靜』，如何？」曰：「不是。」問：「又云『所謂至靜者，貫乎已發未發而言』，如何？」曰：「如此，則卻成一不正當尖斜太極！」（《語類》卷94，頁2375）

既肯定「是理動靜」，又反對偏言「太極之體至靜」，則朱子的意思甚為顯然，在這裡他再次表明了太極之理是有動靜的，只是它不同於形而下的動靜罷了。並且，我們不能只把它當成是一個至靜不動的實體，因為如果只從這個視角看待它，那麼太極便也就不成其為正當的至極之理了。

關於以上的觀點，我們便須要再次提及濂溪「動而無動，靜而無靜，神也」的說法，且看朱子對此問題的討論：

> 「動而無靜，靜而無動者，物也。」此言形而下之器也。形而下者，則不能通，故方其動時，則無了那靜；方其靜時，則無了那動。……「動而無動，靜而無靜，非不動不靜」，此言形而上之理也。理則神而莫測，方其動時，未嘗不靜，故曰「無動」；方其靜時，未嘗不動，故曰「無靜」。靜中有動，動中有靜，靜而能動，動而能靜，陽中有陰，陰中有陽，錯綜無窮是也。（《語類》卷94，頁2403）

對於這段討論，牟先生曾依其預設而否定朱子能有「動而無動，靜而無靜」之義，[註45] 然而朱子如此明確的話語實在是無法輕易忽視和抹滅的。如果我們能夠正視朱子本身的話語，那麼應當是可以肯定朱子確實有太極能活動以起作用的思想。相對於牟先生的否定，唐先生似乎是比較能肯定朱子本身的說法的，他說：

> 朱子言「太極本然之妙用也」，即是自太極之動而無動，靜而無靜上說。動而無動，靜而無靜，即不滯一偏，故妙。謂動靜為太極所乘之機，即明非以動靜說太極本身之意，此則通於其初言太極非動靜，不可以動靜言之本旨。謂太極乘動靜，既涵太極行乎動靜之氣之中，

〔註45〕牟宗三：《心體與性體（三）》，頁457～461。

與氣不離之義，而乘字又涵超越其上之義。（《導論篇》，頁 473～474）

這一段可分四點加以說明：首先，肯定朱子的太極之理是動而無動、靜而無靜，也就是形上實體本身的一種神妙的作用，這便跟形下之氣或物等局限於一偏的動靜有著天壤之別。其次，「謂動靜爲太極所乘之機，即明非以動靜說太極本身之意」，此中的「動靜」一詞當補充指出其所指的是陰陽的動靜，如此一來語意才比較明確且合理，因爲朱子並不是全然不以動靜來說太極，而是不以陰陽的動靜來形容太極的動靜。第三，「此則通於其初言太極非動靜，不可以動靜言之本旨」，也是須要加以補充說明的，一如本文前面的思路，所謂「太極非動靜」、「不可以動靜言」指的應該是太極的動靜不同於陰陽之氣的動靜，不能把陰陽之氣的動靜等同於太極的動靜。第四，太極既行乎氣中而又超越其上，這正是理、氣不離而又不雜的關係，並且更同時避免了將太極之理說成了不活動的死理。請看如下之文：

太極雖乘此動靜之氣機，而實未黏附於氣，亦非復只爲隨氣之動靜而動靜；而得恒位居于氣之動靜之上，以保其超越性；而太極之理，即爲活理，太極之乘氣，亦當喻如「活人騎活馬」。（《導論篇》，頁 474）

這段說明，一方面證明了前面我們將「動靜者，所乘之機也」中的「動靜」解爲氣的動靜的合理性，因爲筆者以爲這樣可以讓朱子和唐先生的話語，都具有觀點闡述的一貫性以及概念區分的清晰性。另一方面，生生之氣的流行之所以可能，全是在太極之理的主宰掌握之中方成其爲可能的，而同時太極之理便是藉由氣來實現其生生不息的創造性。如此，則太極之理和陰陽之氣皆是具有活潑潑的創生作用的。

我們再引唐先生一段甚爲重要的闡述，他對理的動靜如是說：

故謂其有動靜者，實乃由其見於氣，而吾人由氣之動靜，以還望此理，以反照上溯之辭。若爲自其自身，以下望氣之動靜，則惟是其自身之呈用以自行其體，與息用而自存其體之別。呈用而自行其體，即見於氣而內在於氣；息用而自存其體，即不見於氣而超越於氣。此理無論呈用或息用，爲內在或超越，皆只是此理。唯此理呈用時亦能息用，息用時亦能呈用；故自理上看，其呈用與息用，亦無二無別；乃動而無動，靜而無靜也。（《導論篇》，頁 476）

就人類有限的感官能力而言，體悟天道流行的生生不已，是必須透過可感知的形下之氣才能達至的，並且，形上的天道雖不能直接感知，卻必定表現在

形下之氣的動靜過程，這是一種形上和形下交互體現的過程。在這樣的思路裡，已經預設了形下的氣與萬物，都是根據於形上的實體而存在，並且，一如前節所點明的，創造之所以爲創造，必發動流行不已的作用，而氣的生化和始終，其實都是實體的自運其體以呈用或息用。牟先生認爲朱子的理只是但理，只是在氣的背後超越地、靜態地定然之，因此使得理的創生義和妙運義都一併喪失。〔註46〕筆者不得不說，如果按照牟先生的預設，則朱子之理便只能是如此，明白地說，也就是只成爲了一個無法創生的虛假的實體。然而，若循著唐先生的詮釋，則朱子的太極之理正是能夠自運其體而創生不息的，筆者以爲這樣的理解不但是形上實體應有的本質，並且正符合朱子言之確鑿的論述，而不須如牟先生那般依其自身的預設而否定朱子本身的話語。

第三節　朱子的理氣關係是不離不雜而能相互保合以生生不息者

一、理、氣不離不雜的關係

　　凡是對於朱子理、氣關係有所接觸的學者，想必對於「不離不雜」一詞是不陌生的。〔註47〕例如牟宗三《心體與性體（三）》的第八章標題便是「枯槁有性：理氣不離不雜形上學之完成」，〔註48〕劉述先《朱子哲學思想的發展與完成》的第六章也題爲「朱子理氣二元不離不雜的形上學」，〔註49〕而唐君毅也有以「朱子論理氣之不雜與不離義」、「朱子理氣爲二而不相離亦不相雜義之說明」爲標題的話語。〔註50〕正如楊儒賓曾提及的：「朱子論理氣，衆所周知，持的是不雜不離之說。」〔註51〕不過，雖然大家都使用著相同的詞語，但在各自不同的視野下，所詮釋出來的內涵和評價便有著頗爲巨大的差異。

〔註46〕牟宗三：《心體與性體（三）》，頁503～505。

〔註47〕此乃朱子原有之用法，例如其云：「某於《太極解》亦云：『所謂太極者，不離乎陰陽而爲言，亦不雜乎陰陽而爲言。』」、「如太極雖不離乎陰陽，而亦不雜乎陰陽。」，分別見《語類》卷4，頁67、卷62，頁1490。

〔註48〕牟宗三：《心體與性體（三）》，頁486。

〔註49〕劉述先：《朱子哲學思想的發展與完成》，頁269。

〔註50〕前語見唐君毅：《中國哲學原論：原道篇（三）》，頁441。後語見《中國哲學原論：導論篇》，頁478。

〔註51〕楊儒賓：〈檢證氣學——理學史脈絡下的觀點〉，頁252。

僅就筆者目前所見，晚近對於朱子理、氣關係陳述得較爲詳細的，應當要算是張立文的《朱熹評傳》，[註52] 至於在此之前，則應該就屬唐先生的詮釋最爲詳明。底下我們將先闡述唐先生對理、氣不離不雜的論點，然後再討論理先氣後以及理生氣當從何種角度來理解。

在理、氣爲二而又不能相離的關係上，唐先生說：

> 吾人說朱子所謂理氣是二物，決非理可離氣，氣可離理而存在之謂。
>
> 自存在上說，則理氣二者，爲乃一互爲依據，而相互保合以存在之關係。（《導論篇》，頁 479）

這段言簡而意賅的論述，可以視爲是唐先生對朱子理、氣關係的總綱領，而且也是相當能夠發揮朱子由理、氣和合以成就世界的思路者。何以說理、氣乃是互爲依據而能相互保合以存在呢？依唐先生之意，理和氣之所以不能夠相離，主要的原因是我們必須肯定兩者都是眞實的存在。因爲假如沒有理作爲氣的生化運動的根據，那麼氣不是生而不化，就是化而不生，前者將讓萬物終古不化、一存永存，後者則讓萬物頓時毀滅、一片死寂；相對的，如果沒有氣來作爲理的表現，那麼這樣的理就不再能是生生不已的創造之理，而只成了一個冥然的死體，因爲它原本相繼不已的呈用和息用，缺乏了落實在現實世界的載體，而我們也就無法說它是眞實存在而能生生不已的創造之理。[註53] 其中，須要進一步加以補充說明的是，唐先生所謂理、氣是「互爲依據」一詞的義涵。就筆者的理解而言，這「互爲依據」一詞，實際上是必須區分爲兩種層次的，因爲如果不加以揀別，那麼將會讓唐先生後來所詮釋的理先氣後有所矛盾，同時也會讓朱子的理氣論陷入某種困境。由唐先生的整體論說來看，我們可以知道理作爲氣的依據，其著眼處是在本體論上的根據之義，而所謂氣作爲理的根據，其眞正的意思是理必須透過氣才能成就其在現實世界中的創造性表現。換句話說，理雖然是最高最後的根據，但是沒有氣作爲表現的媒介，它也將只能獨存於一空闊淨潔的世界而沒有如今萬物繁簇的世界。所以朱子明確地說：

> 天地之間，有理有氣，理也者，形而上之道也，生物之本也；氣也者，形而下之器也，生物之具也。（《文集》卷 58，〈答黃道夫一〉，頁 2798）

〔註52〕 張立文：《朱熹評傳》（南京：南京大學出版社，1998），頁 71～85。

〔註53〕 唐君毅：《中國哲學原論：導論篇》，頁 479～480。又，上述之意已見拙著〈唐君毅之朱子學〉，頁 39。

> 天下未有無理之氣，亦未有無氣之理。氣以成形，而理亦賦焉。(《語
> 類》卷 94，頁 2403))

從這裡的「天地之間」、「天下」的用語，可以曉得朱子立論的視野是在現實的世界，而儘管理是可以獨立自存的本體，但本文在前面已經一再提及，創造之所以爲創造，必定得落實在現實的世界裡，而氣又是「生物之具」而能成就形質者，就此而言，氣便可以說是理在現實世界得以表現的根據。因此唐先生才能夠說：「此理氣二者，原互爲依據而相保合，以皆有其眞實存在之意義。」(《導論篇》，頁 479)和唐先生之意相近，張立文也認爲：

> 太極無陰陽，便無處頓放、附著；陰陽無太極，便無根據、源頭。
>
> 任何一方喪失對待的另一方，便喪失自身存在的價值。〔註54〕

張先生的說法正呼應了唐先生的觀點，也同時讓朱子的理、氣各自得到了應有的存在地位。

以上主要是在說明理、氣不離的方面，接著我們再來看理、氣不雜是在哪些部分。唐先生說：

> 析此所謂理氣各有其性相，而不可相混雜之義，亦可分爲此下數義。
>
> 甲、理全而氣偏，理常而氣變。……
>
> 乙、理一而氣多。……
>
> 丙、理無情意，無計度，無造作，氣有此造作等。……
>
> 丁、理無形，爲形而上者；氣有象，爲形而下者。……(《導論篇》，
> 頁 481〜483)

所謂的「不雜」，張立文曾簡明地說：「就是指理氣各自有其獨立的性質、特徵，即有其區別彼物的自性。」〔註55〕這正和唐先生所說的「理氣各有其性相，而不可相混雜」之意相同。唐先生所列舉的四個項目，相信已經是現在研究者所耳熟能詳的概念。然而筆者在這裡願意且必須強調的是，在朱子理、氣不離不雜的關係裡，唐先生最著重的毋寧是不離的層面，這不僅和前文所說的「互爲依據而相保合」相呼應，更是與他將朱子定位爲最重視生生之理者的思路相一貫的。之所以如此說，是因爲唐先生在指出上述種種不相雜的性相外，都緊跟著補充闡明「兩者雖不同而實未嘗不相涵」的關切點。對此，

〔註54〕張立文：《朱熹評傳》，頁 79。
〔註55〕張立文：《朱熹評傳》，頁 74。

以下分四部分引述和說明。

首先，唐先生如此說：

> 此陰陽二氣之所以能相繼流行，正由太極之理之兼涵呈用而動、息
> 用而靜二義，以萬古不易而來。此太極之萬古不易，又正當於此陰
> 陽二氣之相繼而流行中見之。（《導論篇》，頁481）

這一段話正相應於本文上節所謂：太極之理乃是能自運其體以成就陰陽之動靜流行者。正由於陰陽之氣有著或動或靜的變易流行，才使得萬物的生生化化能夠完成，但陰陽之氣既生之後必趨向於化，同時既化之後也必待有所新生，而這樣的生化變易，又是根源於恆常整全的太極之理的自運其體方能相繼不已的。

其次，唐先生說：

> 此氣之多、物之多、其諸形式之理之多，與此統體之理之分別表現
> 之多，皆同依於此一統體之理，是謂萬殊原於一本。氣之多、物之
> 多、及形式之理之多、統體之理之表現之多中，皆有此一統體之理
> 在，是謂一本在萬殊中。（《導論篇》，頁482）

萬殊原於一本之理，而一本之理即在萬殊之中，這是所謂的理一分殊，也是朱子之所以會有人及萬物皆有性的思想。此點且留待下節再闡釋。這裡只先點出氣之多其實就是統體之理的不同表現方式、樣態，也因此理便在氣中而不相離。

再次，唐先生認為：

> 此理與其所生，不在一層次，故不能以此中之情意等之名，加於其
> 上。此理在人，只為一內在之性，然此理此性，亦即由人之情意計
> 度之氣之運行以見之。（《導論篇》，頁482）

唐先生對於氣的情意、計度和造作，是納入在人的身上來作說明的。之所以從這樣的脈絡來談，或許是因為這些詞彙比較適合用在具體的人，而較不適合用在單純作為抽象來看時的氣。當然，這樣的談法是否符合朱子原本的語脈，其實是可以商榷的。不過值得注意的是，與其說法似乎相近者，錢穆也曾經說：

> 在宇宙形上界，理是無情意，無計度，無造作，無作用。但是一落
> 到人生形下界，人卻可以憑此理來造作，理乃變成了有作用。人生
> 界在氣的圈子之內，自當有情意，有計度。只要此情意計度合乎理，
> 則此理便會發生作用與造作。〔註56〕

或許有學者會根據朱子「蓋氣則能凝結造作，理卻無情意，無計度，無造作……

〔註56〕錢穆：《朱子新學案（一）》，頁46。

若理,則只是簡淨潔空闊底世界,無形迹,他卻不會造作;氣則能醞釀凝聚生物也」(《語類》卷1,頁3)的說法而認為朱子的理是不能活動的。〔註57〕如果我們留心比較唐、錢二先生的論述,便會看出錢先生的說法容易讓人有這樣的聯想,因為他說在形上界中的理是無作用的。反觀唐先生,他已經先預設了是理產生氣的思路,只是一個形上、一個形下,層次並不相同,因此不能將氣的種種表徵等同地用在理的身上。然而,這卻又不是說理沒有作用,它是有作用的,只是這樣的作用我們必須透過可感知的氣的表現來體悟才行。明顯可見,唐先生這個論述,正和上一節論述太極和陰陽的動靜是不能一概等同的思考相一致的。

最後,唐先生提到:

> 此純一之理,表現於有形象之氣之生而化,化而生之歷程中,則此有形象之氣之生而化,化而生之歷程中,亦隨處見此無形無象之生生之理之無所不在。(《導論篇》,頁483)

這裡的說法是依據朱子:

> 形而上者,無形無影是此理;形而下者,有情有狀是此器。然謂此器則有此理,有此理則有此器,未嘗相離,卻不是於形器之外別有所謂理。(《語類》卷95,頁2421)

類似的意思,前面已多次提及,形上者無形可感,但並非冥然不起作用的死體,因為它的作用一直都是在氣化流行當中的。以上分述了唐先生對朱子理、氣不雜卻也始終不離的觀點,相較之下,筆者以為牟先生雖然也說朱子的理、氣是不離不雜的關係,但卻似乎偏向了不雜的部分,使得理、氣之間缺乏溝通而斷裂,這樣的看法不僅表現在他判定朱子的理只是不活動的但理,也同樣表現在他詮釋朱子心、性、情三分的架局上,使得三者間的關係也是十分割截的。關於後者,在第三章的心性論部分會有所論述,此處只提出以作為參照之用。至於在唐先生的詮釋下,他甚為重視理、氣不離的層面,因此兩者之間並沒有巨大的鴻溝,而是能相互保合以成就萬物生生化化的創造活動的。

〔註57〕例如李明輝曾據此而說:「由於理是抽象的,故不能活動;能活動的是氣」,〈劉蕺山對朱子理氣論的批判〉,《漢學研究》第19卷,第2期(2001年12月),頁10。朱子此說在書中僅此一條,能否即據此而論定理不能活動、不能起作用,頗待商榷。

二、理先氣後的第一義乃形上學之先後

　　接著，我們來談論有關朱子的理先氣後的問題。對於這個問題，現在的學者所持的看法有著相似之處，但在相似之中卻也有著相異的差距。且先看劉述先和陳來兩位較早研究者的說法，劉先生認爲：

　　　　理和氣同時並在，無分先後，故由宇宙論的觀點言孰先孰後乃一無
　　　　意義的問題，是由形上學的觀點看始可以說理先氣後。〔註58〕

陳先生則說：

　　　　在本原上朱熹講理在氣先，但在構成上朱熹並不講理在氣先，而常
　　　　常強調理氣無先後。〔註59〕

這兩位先生的說法，幾乎已經成爲現在研究者們的共識，例如張立文、李明輝、丁爲祥、楊儒賓等等皆有如此的說法。〔註60〕總括地說，朱子的理、氣無先後而不離的關係，乃是實然宇宙論下的說法；至於所謂理先氣後而不雜的關係，則是形上本體論的提法。〔註61〕既然大家的看法十分相近，那麼筆者何以又說其中存在著相異的差距呢？原來，在學者們論說理先而氣後的脈絡中，有著本體論上的先在與邏輯上的先在的分合問題。換句話說，有的學者將兩者等同視之，有的則分開而取其一，又或兩者雖分開卻同時承認。例如陳來肯定馮友蘭提出的邏輯在先的觀點，〔註62〕並且補充說朱子的理先氣後是：

　　　　他的晚年定論是邏輯在先，邏輯在先說是在更高的形態上返回本體
　　　　論思想，是一個否定之否定。〔註63〕

而金春峰也說：

　　　　邏輯上理在氣先的說法，實質即本體論思想，不過表述方式不同而

〔註58〕劉述先：《朱子哲學思想的發展與完成》，頁274。頁270也說：「從時間的觀點看，同時並在，不可以勉強分先後。但由存有論的觀點看，則必言理先氣後。」可見劉氏所言之形上學即等同存有論。

〔註59〕陳來：《朱子哲學研究》，頁92。

〔註60〕分別見張立文：《朱熹評傳》，頁71～73；李明輝：〈劉蕺山對朱子理氣論的批判〉，頁10～11；丁爲祥：〈朱子本體意識的裂變及其意義〉，頁103；楊儒賓：〈檢證氣學——理學史脈絡下的觀點〉，頁253。

〔註61〕「實然宇宙論」、「形上本體論」之詞，借鑑於丁爲祥之用語，見氏著〈朱子本體意識的裂變及其意義〉，頁103。

〔註62〕陳來：《朱子哲學研究》，頁96。其云：「應當承認，馮友蘭先生在舊著《中國哲學史》中把這種思想概括爲邏輯在先還是恰當的。」

〔註63〕陳來：《朱子哲學研究》，頁99。

已。〔註64〕

此中須注意的是，金先生對馮友蘭所詮釋的朱子的理並不滿意，他認為馮先生所詮釋的理只是中性的共相，卻缺乏道德的價值義涵。〔註65〕此外，丁為祥也曾經批評馮先生之說，他認為：

> 因為朱子的「先」是指價值之超越性而言，而馮友蘭的所謂「先」則僅僅指邏輯上的先後，而這一「先後」又必須落實於時空世界之中。這正是其不理解朱子理先氣後說的根本原因。〔註66〕

丁先生在另一篇文章，對朱子的理先氣後則又有如下的提法：

> 所謂在理上看，就是從邏輯、從本體論的角度看。……這裡的先後並不是時空系列中的先後，而是邏輯系列或價值系列上的「先後」。
> 〔註67〕

顯然，在丁先生的解釋裡，理先氣後同時具有本體論和邏輯上的意義，但兩者卻不能等同，因此他才能批評馮先生只有邏輯先在的理解，卻忽略了價值意義的本體論觀點。

從上述的列舉，我們可以看出學者們雖然都贊同理先氣後，但究竟是本體論上的意義，或是邏輯上的意義，還是二者兼具，而兩者又相不相同？並且，這其中的分合還將牽涉到理如何生氣，以及理、氣是一元或者二元的問題。底下我們便回到唐先生的詮釋，以嘗試解說上述種種問題。

關於朱子的理先氣後，唐先生曾因不滿意當時「以邏輯上之先後，論理先氣後之說」而撰文加以駁斥。〔註68〕我們先看何謂邏輯上的先後，唐先生說：

> 所謂邏輯上在先之概念，即一概念所必須預設或涵蘊者。如動物之概念在邏輯上先于人之概念，以人之概念涵蘊動物之概念，人之概

〔註64〕金春峰：《朱熹哲學思想》，頁117。

〔註65〕金春峰：《朱熹哲學思想》，頁112。楊儒賓、丁為祥亦曾有相近之批評，分別見楊氏〈檢證氣學──理學史脈絡下的觀點〉，頁253；丁氏〈朱子本體意識的裂變及其意義〉，頁110。

〔註66〕丁為祥：〈朱子本體意識的裂變及其意義〉，頁110。

〔註67〕丁為祥：〈「理先氣後」與「虛氣相即」──朱子理氣觀的詮釋與比較〉，收在朱傑人編：《邁入21世紀的朱子學：紀念朱熹誕辰870周年、逝世800周年論文集》（上海：華東師範大學出版社，2001），頁44～45。

〔註68〕唐君毅：《中國哲學原論：原道篇（三）》，頁418～419。其云：「此文要在反對當時馮友蘭、金岳霖二氏所為之『新理學』及『論道』二書，本西方哲學以由邏輯分析而出之共相形式，為宋明儒學中之理，以質或能為氣，以邏輯上之先後，論理先氣後之說。」

念必須預設動物之概念故。(《原道篇（三）》，頁 446～447)

這個說明相當淺顯易懂，而一般也就是認為氣的概念涵蘊理的概念，所以理在邏輯上先於氣而在。唐先生並不反對這樣的說法，但是他認為這個說法並不能說明朱子之理在價值意義上、形上學上的真實性特質。[註69] 對此，他強調說：

> 所謂形上之先者，以今語釋之，即在宇宙根本真實之意義上，理為超乎形以上之更根本之真實，而氣則根據理之真實性而有其形以內之真實性者；而吾人之論說宇宙之真實，當先肯定未形之理之真實，而後能肯定已形之氣之真實。……形上學之在先者，或同時是邏輯上在先者；然邏輯上在先者，不必即是形上學之在先者。以邏輯上之先後，唯依概念內容之涵蘊關係而辨，形上學之先後，則依概念所指示者之真實性而辨。(《原道篇（三）》，頁 450～451)

從中我們可以看出，唐先生所著重的是：何種思路才能夠體現出理的形上真實性？也就是說，理氣先後的意義是在何者為最後的真實根據？明顯可見，邏輯上的先後並無法提供這樣的說明，因為它僅僅是中性的概念先後的辨析，而不能作為價值意義上的說明。因此，雖然不否定邏輯上的先在，但對於最終本體的問題，仍然得回到形上學的視野才能夠貼切地了解。簡括地說，形上學的在先，乃是對於根本真實性在先的價值性肯定。將唐先生的論點，對照於前面所列舉的幾位先生的說法，應當可以知道：如果要肯定理的先在乃是一種價值義上的真實性的優先，那麼就應該將邏輯上的提法，和本體論的說明加以區分，因為兩者雖然不衝突，但卻有著不同的性質。例如朱子以下的言說：

1. 有是理後生是氣，自「一陰一陽之謂道」推來。(《語類》卷1，頁2)

2. 先有箇天理了，卻有氣。氣積為質，而性具焉。(《語類》卷1，頁2)

3. 有是理便有是氣，但理是本，而今且從理上說氣。(《語類》卷1，頁2)

4. 問：「先有理，抑先有氣？」曰：「理未嘗離乎氣。然理形而上者，氣形而下者。自形而上下言，豈無先後！理無形，氣便粗，有渣滓。」(《語類》卷1，頁3)

[註69] 牟宗三也說：「理先氣後，此無問題。『先』只是本義。本當該先在。此先在不只是邏輯的先在，而且是形而上的先在。」，《心體與性體（三）》，頁507。

這些言說，都須要從形上學的本體所具有的眞實性、優位性才能夠眞正順適合理地了解。

此外，順帶一提，與眾多學者之意似乎有所不同的是，唐先生曾有如下的說法：

> 朱子所謂理先氣後，初唯是形而上之先後，非邏輯上之先後；……然吾人今將進一步說者，是此中所謂形而上之先後，亦可以包括寬泛義之邏輯上之先後，以及一義上時間之先後。（《導論篇》，頁 484～485）

關於形而上以及邏輯上的先後，我們已論述，這裡須要說明的是「一義上時間之先後」的提法。前面所提及的學者，幾乎一致認爲在時間上，理、氣是無先後可分的，然則，唐先生何以會有這樣的講法？他解釋說：

> 至於亦可說有一義上時間上先後者，則以氣在流行之歷程中，其依理而生生，即成先後之段落。此中後一段落與前一段落，同根於一統體之理。後一段落之氣未生時，此統體之理已先表現於前一段落，則當視此理爲前一段落之氣之理時，即可說其在時間上亦先於後一段落之氣也。（《導論篇》，頁 484～485）

筆者以爲這個看法頗値得注意，因爲說在時間上理氣並無先後，其實是就個體的存在而說的；就天地和萬物的存在是理、氣和合而成的角度來說，兩者缺一不可，是以並無先後。這是可以接受的論述。例如朱子說：「所謂理氣，此決是二物，但在物上看，則二物渾淪，不可分開，各在一處，然不害二物之各爲一物也。」（《文集》卷 46，〈答劉文叔一〉，頁 2095）不過，唐先生所提出的思路，卻也能夠讓我們更了解朱子的理、氣畢竟是有所不同的。所謂的不同，主要就是在之前已說明過的理常而氣變的不同性相。因爲太極之理是永恆長存的實體，而氣的流行卻是一直在生而化、化而生的過程當中，其中的氣是一種新陳代謝的轉變，雖然新生的氣會不斷地產生，但舊氣畢竟會消逝，而在此新舊交替時，理卻依舊恆存而不變。依此，所以唐先生才會提出在這樣的意義上，我們可以說理在時間上也先於氣而存在。例如朱子以下的言說：

> 1. 未有天地之先，畢竟也只是理。有此理，便有此天地；若無此理，便亦無天地，無人無物，都無該載了！有理，便有氣流行，發育萬物。（《語類》卷 1，頁 1）

2. 問：「有是理便有是氣，似不可分先後？」曰：「要之，也先有理。只不可說是今日有是理，明日卻有是氣；也須有先後。且如萬一山河大地都陷了，畢竟理卻只在這裏。」（《語類》卷1，頁4）

3. 若在理上看，則雖未有物，已有物之理，然亦但有其理而已，未嘗實有是物也。大凡看此等處，須認得分明，又兼始終，方是不錯。（《文集》卷46，〈答劉文叔一〉，頁2095）

這裡的論述，除了具有形上眞實性的先在義外，也可以說是在一義上時間的理先氣後。

　　以上說明了朱子的理先氣後當從何種角度來看待，在這個問題上，唐、牟兩位先生都認爲應該以形上學的先在爲主要視角。不過，對朱子是如何體會這樣的理在氣先的思想，則唐、牟卻存在著相當大的差異。上一節已提及，牟先生認爲朱子對於形上實體的體會，只是透過存在的實然以推證其所以然之理，也就是他所謂的「存有論的解析」，而牟先生本著實體必定得由道德的實踐才能證悟的思路，因此斷定朱子藉由推論方式所得的理，只是無法起作用的但理。然而，唐先生卻不這樣詮釋，相反的，他認爲朱子所提出的理先氣後，首先就是在道德生活的實踐中加以體驗證悟的。且看唐先生底下的論說：

　　　　朱子之形上學的理先氣後義，必須先于吾人內在之當然之理，與實現此理之氣之關係之體驗中，得其所指示之意義。（《原道篇（三）》，頁455）

這裡首先須要說明的是，唐先生和牟先生一樣，都認爲形上的實體必須透過道德的實踐才能眞正體悟。就儒家而言，這當然是能夠肯定和接受的。只是牟先生認爲伊川和朱子並沒有眞正的道德實踐工夫，因此對於道體也就沒有眞正的體會。在這一點上，唐先生確實與牟先生相異甚大，因爲他不僅認爲朱子的理先氣後是在道德生活中體悟的，而且伊川之所以能夠重視理的超越性與工夫的重要性，都因爲他在道德實踐中，正視了理和氣之間確實存在著人所不易跨越的距離。〔註70〕而宋代儒學中，最能承繼和發揮伊川思想的，正是朱子。伊川和朱子這樣的思路，當然也表現在他們的心性論和工夫論的

〔註70〕唐君毅：《中國哲學原論：導論篇》，頁448～450。相近之論點，亦出現在《原性篇》，頁366～373、559；《原教篇》，頁183～188。此處只須提點出，在唐先生的詮釋下，伊川、朱子其實是宋代儒者中，最能夠體證道德生活之嚴肅與艱難者。

詮釋上，關於此，已是下兩章才能論述的部分。回到理先氣後的問題上，唐先生之所以會肯定朱子是透過道德生活的實踐之感而說理先氣後，是根據兩個面向來說的：

> 此可由朱子之學原爲如何爲人之學，其所言之理，十九皆是言人之當然之理，及朱子所承之宋代理學之一貫問題，以證之。（《原道篇（三）》，頁456）

> 吾由宋明理學之問題之發展，可以斷定朱子之理先氣後之說，乃首于義務意識中得其證實。吾今欲了解其說，亦必須自義務意識中反省以透入。（《原道篇（三）》，頁473）

此中，唐先生有一個預設的思路，他認爲宋代的儒學「其所求之理，初重在『應如何』之當然之理，而不重在宇宙『是如何』之存在之理」（《導論篇》，頁456），而這也是朱子思想中的重心所在。就朱子所重的毋寧是如何成就道德的當然之理而言，則牟先生只以由存在之然以推證其所以然來定位朱子，似乎呈現出重心轉移的偏向，甚至是忽視了朱子本身正視道德實踐的嚴肅感。而依唐先生之意，朱子即是在道德義務的實踐感受中，體悟到「先有理之命令之自覺，而後有氣從之動之自覺。」（《原道篇（三）》，頁458）在這當中，氣之所以動乃是因爲理的要求在先，換言之，也可以說氣之所以成爲氣是根據於理的，而由此道德實踐中所體證到的理先氣後，也正是說明了理在形上學中的眞實性先於氣而存在。

三、朱子並非二元論者

最後，我們來談談朱子的理生氣，以及其理氣論究竟是一元或是二元的問題。誠然，這是個大哉問的議題，就筆者目前的能力而言，也只能簡略地論述。對於朱子的理氣論是一元還是二元，提出見解的學者頗多，例如前面已提及的蒙培元和成中英都主張朱子應該是理、氣一元論者，〔註71〕而陳來則認爲朱子在本源論上是一元論，在構成論上則是二元論者。〔註72〕這些學者的論點都有其值得參考之處，但限於篇幅和討論上的方便與集中，是以在此筆者只打算以唐君毅、劉述先二位的意見爲主來作討論，但其中將旁及牟

〔註71〕分別見蒙培元：《理學範疇系統》，頁19；成中英：《合外內之道：儒家哲學論》，頁250。
〔註72〕陳來：《朱子哲學研究》，頁92、99。

宗三的說法以作爲參照之用。之所以以劉先生爲討論對象，是因爲他可以算是當代最力主朱子乃二元論者的學者，〔註73〕並且他對朱子這樣的思路提出了頗爲嚴重的批評。請看劉先生之語：

> 宋明儒學繼承孟子開出的傳統乃是一本之論，朱子卻是理氣二元，真難爲他爲古典作注，講得頭頭是道，但裏面卻有極根本的差別乃不可掩者。〔註74〕

這樣的批評不可謂不重，就此而觀，則劉先生認爲朱子不離不雜的理、氣關係，對於儒家的義理實際上是無法相應的。在此，我們必須問，劉先生何以說朱子是理、氣二元論者？且看他的論斷根據所在：

> 朱熹是不是一元論呢？表面上看來這樣的說法也不無道理，因爲朱熹的確說過：「有是理後生是氣。」（《朱子語類》卷1）明明理是本有，氣是派生的，那麼朱熹當然是理一元論了。然而這種說法有一個致命的弱點，即忽視了「生」字的歧義，以至作出了錯誤的推論。生究竟是怎麼個生法呢？是像女人生孩子那樣地生嗎？如果是這樣的話，怎麼可以說是無造作、無作用呢？豈不是令朱熹的思想陷於自相矛盾的境地嗎？
>
> 「理生氣」在他的思想框架之內只能理解爲，在超越的（生）理的規定之下，必定有氣，才有具體實現之可能。故「理生氣」只是虛生，「氣生物」才是實生，兩個「生」字斷不可混爲一談。〔註75〕

由此，我們可以知道劉先生對一元或二元的判斷是在「理生氣」的問題上，並且，如果理生氣是本有和派生，是理實際生出氣的關係，那麼便是一元論；相反的，假如只是在背後規定的虛生，就是二元論。依筆者的推測，劉先生這樣的觀點是因爲他肯定了朱子的理只是不能活動的但理，而這樣的思路又是來自於牟宗三的論斷。不過，我們卻發現牟先生雖然判定朱子的理只是但理，然而

〔註73〕例如李明輝、鄧克銘在提及朱子究爲一元或二元論時，皆注意及劉述先之說。分別見李氏〈劉蕺山對朱子理氣論的批判〉，頁11；鄧氏〈羅欽順「理氣爲一物」說之理論效果〉，《漢學研究》第19卷，第2期（2001年12月），頁36。

〔註74〕劉述先：《朱子哲學思想的發展與完成》，頁273。而頁348～354，亦分別說明朱子之二元論不合濂溪、明道之一本論。此外，引文中「繼承孟子」，原書作「繼承孟孟子」，多一「孟」字，筆者在此略去。

〔註75〕劉述先：〈朱熹的思想究竟是一元論或二元論〉，收在《朱子哲學思想的發展與完成》，頁641、644。劉氏在此文中，主張朱子是「形上構成的二元論」、「功能實踐的一元論」。與引文相近之意，又見頁348～349。

他對理氣爲二，以及理生氣的態度，卻是與劉先生不同的。牟先生說：

> 朱子之差只在其所體會之理是只存有而不活動者，不在其理氣爲二
> 也。（理氣爲二與心理爲二不同。心理可以是一，而理氣不能是一。
> 若言理氣是一，則此一是圓融義，亦與「心理是一」不同。）
>
> 「理生氣」不是從理中生出氣來，只是依傍這理而氣始有合度之生
> 化。……此即朱子系統中之「理生氣」也。若理是「即活動即存有」
> 之實體，是道德創生的實體，則鼓舞妙運之以引生氣之生化不息與
> 合度，亦不是說此氣可以從此實體中生出也。〔註76〕

首先，依牟先生之意，「心理是一」是本質上的同一，因爲兩者都是指謂最終的
本體，而理、氣卻不能是一，即使是所謂的理即氣、氣即理等話語，也只是相
即不離的意思，但理爲形上者、氣爲形下者，卻始終是不可抹滅的。牟先生這
樣的提法並不少見，通觀其他部分，我們便會了解他確實主張理、氣本就應該
爲二，不論是在濂溪還是在朱子的思想裡都是如此，而且也應當如此。〔註77〕
其次，他認爲濂溪的「太極動而生陽」、「靜而生陰」，「其實義毋寧是本體論的
妙運義，而不是直線的宇宙論的演生義。」又說：「無論朱子之體會太極爲『只
是理』，或是濂溪之體會爲心神理是一，皆不是說氣從理生出來，一如母之生子。」
〔註78〕就此而言，在牟先生的詮釋下，如果濂溪不是二元論者，那麼朱子也不
會是。而假如依然按照劉先生的判準來看，那麼不僅是朱子，就是濂溪也同樣
是二元論者。當然，我們也可以說，劉先生可以有自己的詮釋而不須要全同於
牟先生，這點筆者並不否定，因爲劉先生確實不認爲濂溪有像朱子那樣的理氣
二分。〔註79〕但是，就所謂「理生氣」的問題而言，不僅牟先生不認爲是像宇
宙論那樣的實際生出，其他許多學者也都是如此的見解，例如蒙培元和金春峰
都認爲朱子的理生氣是本體論的說法。〔註80〕其中，蒙先生更依此而說朱子是

〔註76〕 分別見牟宗三：《心體與性體（三）》，頁504、507～508。

〔註77〕 牟宗三：《心體與性體（一）》，頁390～391。

〔註78〕 牟宗三：《心體與性體（一）》，頁362、392。

〔註79〕 劉述先：《朱子哲學思想的發展與完成》，頁348～349。其云：「濂溪通書根本
缺乏這樣的二元的分疏。……濂溪的思想是，整個宇宙是同一生生誠體的表
現。一本萬殊，五行即陰陽，陰陽即太極，所彰顯的是一本之論，不是二元
的分疏。……朱子把太極（理）與陰陽（氣）肢解成爲兩元，理本身如何能
動靜？它只是所以動靜之超越的根據。這顯然是朱子自己的看法，與濂溪通
書、太極圖說的思想屬於兩種不同的型態。」相同之意，又見頁533。

〔註80〕 分別見蒙培元：《理學範疇系統》，頁19、61；金春峰：《朱熹哲學思想》，頁125。

一元論者。論述到此，筆者所要提點的只是，劉先生論斷朱子是二元論的根據，是相當獨特而與眾不同的，至於就本文的立場而言，對其說則是採取保留的態度。

底下，我們回到唐先生的論述，或許可以有一番不同的體會。

> 若謂理之生氣，有如包涵某物者，將其中之物生出，如母之生子，而吾人又將理視爲在氣上一層面之形而上之理，則此理之義中，既不涵氣之義，亦不能生氣，如石女腹中無子，不能生子。然吾人如視理原不離於氣，則此理之生氣，即氣之依理而生，依理而行，如人之依道路而自有其「行走」；則理之生氣之義，即不難解。如方氣爲陰，而依此理之動，則有陽之氣之生；方氣爲陽，而依理之靜，則有陰之氣生。即皆依理而生氣之事也。（《導論篇》，頁485～486）

首先，唐先生也不認爲朱子的理生氣是像母生子那般實際地從理中生出，這和牟宗三、蒙培元、金春峰等人的看法是相同的。其次，唐先生說「此理之生氣，即氣之依理而生，依理而行」，似乎將理原本的主動地位，轉成了被動地位，而主動者反而在氣。如果真的如此理解，那麼或許和牟先生所謂的只在氣背後靜態地定然之的但理相去不遠。然而依照上一節的思路，筆者認爲唐先生是不會將朱子的理只視爲是靜態的理，所以唐先生才會接著說氣「依此理之動」、「依理之靜」而生。也就是說，主動權仍然在理本身的動靜上，而非在氣上。其實，唐先生這裡強調的主要是：理不離於氣而主宰之，並使其生而化、化而生。換句話說，正是以理爲本體論上的最高根據，而氣當然是要依理而行的。順著這樣的思路，我們便可以說，所謂的理生氣實際上呈現的意義是：何者才是最高最後的本體根據？且看唐先生以下的話語：

> 謂朱子之思想，即一理氣二元論之系統，此言不必盡當。因朱子雖以理氣爲二，謂理氣二者「推之於前，而不見其始之合。」（太極圖說第三節註）然又以理爲氣之所以生之本源，則理爲元而氣非元。而朱子雖以理氣爲二，亦有理氣不離而相保合之義。（此皆詳之於原太極一文）故上引之後一語又曰：「行之於後而不見其終之離」，則理氣亦二而一者。（《原性篇》，頁376）

朱子的理、氣爲二這是毫無疑問而可以肯定的，這在前面討論「不雜」時已經說明過。所以問題並不在理、氣因著其有不同的性相而爲二，而是一則在理、氣的關係是否可完全相離，二則在理、氣何者爲最後的本體？顯然，朱

子的理、氣雖有著不同的性質而不雜，但兩者卻不能相離以有創生萬物的作用。並且，更為重要的是，理是氣的本體根源，理、氣有著形上學本體論上真實性先後的差異，因此唐先生才說「理為元而氣非元」。正如朱子所謂：

> 何故卻都不看有此理後，方有此氣；既有此氣，然後此理有安頓處，
> 大而天地，細而螻蟻，其生皆是如此，又何慮天地之生無所付受耶？
> （《文集》卷58，〈答楊志仁二〉，頁2809）

此中，根本真實性的先後甚為明顯，由理而氣，然後理藉氣以和合而生萬物，自始自終，理都是最高與最終的根本之元。最後，我們再看一段唐先生的話語，以結束本節。其云：

> 理雖非直接生物者，而氣之生物，則本于理為必有氣以實現之之理。
> 此之謂理生氣。理生氣乃生物。故理為真正生物之本。故曰生理，
> 生生不息之理。（《原道篇（三）》，頁444）

總結地說，形而上的理創生萬物必定得透過形而下的氣，並且也只有形而下的氣才能像母生子那般的實際生出萬物，至於理生氣則因著形而上下的差異，便不能和氣生物的生等同視之。正如唐、牟、蒙、金等人所認為的，理生氣原本就是本體論的妙運義，而不是生成論的實生義。如此，我們就不能認為朱子是二元論者，因為形而下的氣之所以能生物，乃是根據於形而上的理，並且本體只有一個，卻不能說理、氣兩者都是形上的本體。正如前面一再提及的，理的真實性的肯定優位於氣的真實性的肯定。此外，這裡須要再次強調的是，唐、牟二先生都肯定朱子的理、氣為二，也都認為兩者本就是為二的，同時也都贊成理生氣不是像氣生物那樣的實際的生，然而，唐先生認為朱子的太極之理是能自運其體以成用的，而牟先生則認為朱子的理只是不活動而無法起作用的。

第四節　理氣和合世界下的人物之性與物物一太極

一、綜述理氣和合下的世界觀

上述三節所討論的，主要都是專就理、氣本身的義涵和關係來談，但天道不離現實的世界，在朱子的思想系統裡，理、氣也表現和作用在人性和物性的內容上。正如朱子注解《中庸》「天命之謂性」所說的：

> 命，猶令也。性，即理也。天以陰陽五行化生萬物，氣以成形，而
> 理亦賦焉，猶命令也。於是人物之生，因各得其所賦之理，以爲健
> 順五常之德，所謂性也。〔註81〕

此中由天命下貫到人物之性的思路十分明顯，而在這個過程中，理和氣則是不可或缺的重要概念，因爲兩者不僅賦予了萬物生命，更給予了存在上的價值意義，當然，也同時讓萬物有其現實的局限性。對此，我們可以嘗試進一步論述如下。朱子承繼伊川「性即理」的思想，這是眾所周知的，但既然是如此，爲什麼現實中的人卻顯得這樣的有限？唐先生曾有以下的提問與回答：

> 人心既具無窮無盡之理以爲性，何以其心思所知之理，又如此其有
> 限？人之能如聖賢之天理存全者，何以又如此其少？芸芸萬物，如
> 鳥獸草木，水火土石之倫，更不能如人之知種種理，尤不能如聖賢
> 之知萬物之本於一理？此即見理固重要，而理之實現於人之心知、
> 與萬物之存在或生命之中，尤爲重要。（《原性篇》，頁380）

理是萬物所以存在的本根，其重要性無可質疑，但這個形上的實體並不能滿足於獨立自存在一個無生命活動的世界裡，相反的，它必定要求實現在現實世界的萬物生命當中。現實世界之所以運行不已，也是因爲理的作用落實在萬物的存在上，才能夠如此的。所以唐先生進一步說：「然只有此能實現之理，仍不能爲此『實際地實現之事之有』之充足條件」（《原性篇》，頁380），必須再加上能夠讓理在萬物中起眞實作用的氣，然後才能完成這個現實的實現。在唐先生的話語中，我們可以看出氣的地位十分地重要，正如牟宗三曾提及的，「氣之觀念有積極消極兩面作用」，〔註82〕就積極面而言，理必須藉由氣才能實現其作用；就消極面而言，氣同時也限制了原本整全而無限的理的表現。氣的這種雙面性，在朱子的思想中是同樣都注意且正視的，而這也是他之所以能重視氣的概念的原因之一。就現實世界的樣貌來說，因爲受限於氣的關係，萬物的局限性是不爭的事實，也因此和超越的天理之間便不能不有一定的差距。唐先生曾說：

> 吾人如知理又有可生氣而不必生氣者，則知盡天下之氣，亦終不能
> 盡實現天下之理之全，或太極之理之全。此乃一現有之世界中之最

〔註81〕　朱熹：《四書章句集注》（北京：中華書局，1983），頁17。下文凡有引述此書
　　　　　者，皆只於引文後標示書名與頁數，不另附註。

〔註82〕　牟宗三：《心體與性體（二）》，頁309。

> 頑梗，而只可説其如是如是，而更無理可説之一事實。此事實之全
> 所展示者，則爲：太極之理雖無所不備，而依彼亦必有天地萬物之
> 氣之生。然此天地萬物之氣，則只能實現此理之全之中之若干，而
> 不能盡加以實現者。（《原性篇》，頁 385）

現實的局限性在這一段話語中，可以説展露無遺。在有自覺之心的人類看來，理、氣之間始終有無可抹滅的間距，一句「此乃一現有之世界中之最頑梗」的事實，除了令人起敬畏之心而自知謙卑外，更須重視後天的工夫修養，方能夠不斷地拉近理、氣之間實際存在的差距。前面已提及，學者們多已知曉朱子理、氣不離不雜，以及由理、氣方能產生萬物的觀點。然而透過上述的說明，筆者覺得最能夠闡發朱子由理、氣以貫通天、人之間的思想者，應該還是要首推唐先生的詮釋。且再看唐先生底下的話語：

> 朱子之思想實如吾人前所説，乃將一理氣之和所成之世界，而更自
> 上、下、內、外、四方加以展開者。此中所謂「上」，爲萬物一本之
> 「理之全」或太極之全之廣大，而人可由其超越在上，以見其尊嚴
> 與高明者；此中之所謂「下」，爲理之實現於氣所成之人與萬物之性
> 之種種差別分殊，而人可由其實際，以觀其富有與廣大者；此中所
> 謂「內」，爲人之氣質中之理性之通於太極之理者，人於此可見理之
> 精微者；此中所謂「外」，爲人之氣之接於天地萬物之氣，而有其情
> 與知，人更可即其物而行其情，更窮其理以致其知，於此可見日用
> 常行之中庸。（《原性篇》，頁 395）

關於此段話語，筆者已另有所説明，[註83] 這裡只想提點出：依唐先生之意，在朱子由理、氣所和合的世界裡，高明、廣大、精微、中庸，理氣、心性、工夫等等，盡皆囊括於其中而形成一個相當完整的體系。在這樣的體系之下，人不僅和天理具有內在本質上的關聯性，而且也和其他萬物構成了相互感通的網際脈絡。天、人、物三者在此既各有其存在的位階，又能彼此溝通以成就整體世界的運行不已，而這當中正是理和氣在擔綱著貫通的角色。在理氣和合的世界觀下，朱子對於人物之性有著獨特的見解，底下，我們將主要就其中關於氣質之性和枯槁有性的議題加以討論，而這兩個議題正蘊含著天、人、物之間的關係網絡。

〔註83〕拙著〈唐君毅之朱子學〉，頁 40～41。

二、理氣世界觀下的氣質之性

「氣質之性」一詞，首先由橫渠用以對比「天地之性」而加以提出，[註84]
並且後來在儒學的討論中，逐漸形成了義理之性和氣質之性的兩個重要概念。
關於這兩者在宋明清的發展演變，學者已經有頗為詳細的論述，[註85] 在這裡
筆者只以朱子為中心，然後旁及張載和二程的觀點。對於氣質之性一詞在橫渠、
二程和朱子等思想中的用法，多數學者都認為朱子的界定與前賢並不相合，例
如蒙培元、陳來、楊儒賓等人，[註86] 其中我們可以舉牟宗三的說法為代表；
然而，也有人認為朱子對氣質之性的運用，正是承繼並符合前賢的用法，持此
說者，就筆者目前所見，似乎只有唐君毅一人。簡略地說，唐先生認為橫渠的
氣質之性是氣質中的天地之性，[註87] 而多數的學者則認為橫渠應該是將氣質
本身視為一種性。之所以會出現如此南北相異的看法，或許是因為在橫渠的話
語裡，「氣質之性」一詞只出現在一處，並且也沒有對它加以定義，因此如果要
給予解釋，就必須依賴其他的部分來作界定，但顯然的，唐先生和其他學者各
自對此有著不同的參照點。橫渠的原意究竟為何，並不是本文的重點所在，在
此我們權且依照牟先生以及大多數學者的說法作為理解。底下我們先看牟先生
的一段見解，他說：

> 如就此種氣質而言氣質之性，則氣質之性意即人之氣質本身即是一
> 種性，此即王充所謂氣性，或《人物志》所言之才性。吾意橫渠二
> 程言氣質或氣質之性即是此意，非如後來朱子理解為性體在氣質中
> 濾過，因而成為在氣質限制中之性也。如照此解，則性只是一性，
> 只是一超越之性體，只是伊川朱子所謂「性即理也」之性，並無二

〔註84〕橫渠《正蒙‧誠明》云：「形而後有氣質之性，善反之則天地之性存焉。故氣
　　　　質之性，君子有弗性者焉。」張載著，章錫琛點校：《張載集》（北京：中華
　　　　書局，1978），頁 23。

〔註85〕可參閱蒙培元：《理學範疇系統》，頁 230～249；楊儒賓：《儒家身體觀》（臺
　　　　北：中央研究院中國文哲研究所，2003，修訂二版），頁 335～412。

〔註86〕分別見蒙培元：《理學範疇系統》，頁 236～237；陳來：《朱子哲學研究》，頁
　　　　207～208；楊儒賓：《儒家身體觀》，頁 358～362。

〔註87〕唐君毅：「此氣質之性，實為由此天地之性之表現之限制上，所反照出的，
　　　　而只為『氣質中之性』。非同於漢儒之所謂性，乃直接依氣質之有陰陽五行
　　　　之分，氣質之本身之有複雜之情形而建立，以見人之有不同生之質者，即有
　　　　不同之性之說矣。唯此漢儒之言性，方真可謂言氣質自身之性，而為道地的
　　　　氣質之性也。橫渠之言，即實已大進乎此。」，《中國哲學原論：原性篇》，
　　　　頁 351。

性，但卻可自兩面觀，一是就其本身之本然觀，一是就其在氣質限

制或混雜中觀。〔註88〕

相近的話語，在牟先生《心體與性體》三大冊中多所提及。通觀牟先生的意思，他認爲橫渠所說的「氣質之性」一詞，是將氣質本身視爲一種性，並且他認爲這樣的看法是十分順適的。之所以說順適，一則它符合語意的用法，和天地之性或義理之性的語法相同；二則這也順承了漢代以來所重視的氣性和才性；三則人的生命本就應當劃分成義理之性、氣質之性、動物性等三種層面來說。牟先生以上的觀點，具有相當的合理性，也是十分值得參考的說法。既然如此，那麼我們便要問：朱子又爲何要說氣質之性是指本然之性在氣質中的狀態呢？

關於氣質之性，朱子的用法雖然不一定合乎橫渠和二程的原意，但就他本身而言，確實是自覺地要繼承前賢的說法，例如橫渠的「形而後有氣質之性，善反之，則天地之性存焉」、明道的「生之謂性，人生而靜以上不容說，才說性時，便已不是性也」，以及二程的「論性不論氣，不備；論氣不論性，不明，二之則不是」等等話語，這在《朱子語類》的卷 4、59、95 等記載中，可以看得相當的清楚。此外，在朱子的書信中，我們更能夠見出他何以要如此詮釋氣質之性。底下羅列朱子的四段話語，並加以簡略地提點：

1. 「人生而靜」，「靜」者固是性，然只有「生」字，便帶卻氣質了。但「生」字已上，又「不容說」，蓋此道理未有形見處，故今纔說性，便須帶著氣質，無能懸空說得。(《文集》卷 49，〈答王子合十三〉，頁 2224)

2. 氣質之性，只是此性墮在氣質之中，故隨氣質而自爲一性，正周子所謂「各一其性」者，向使元無本然之性，則此氣質之性，又從何處得來耶？(《文集》卷 58，〈答徐子融三〉，頁 2813)

3. 非氣無形，無形則性善無所賦，故凡言性者，皆因氣質而言，但其中自有所賦之理爾。(《文集》卷 61，〈答林德久六〉，頁 3018)

4. 氣質是陰陽、五行所爲，性即太極之全體。但論氣質之性，則此全體墮在氣質之中耳，非別有一性也。……「人生而靜」，是未發時；「以上」即是人物未生之時，不可謂性，才謂之性，便是人生之後，此理墮在形氣之中，不全是性之本體矣。(《文集》卷

61，〈答嚴時亨一〉，頁 3036）

由這些論述可見，朱子重視在現實中來談論性，因爲性原本是形而上的天理，它必須藉由現實萬物的氣質才能夠得到表現，換句話說，形氣是性得以在形下世界作用的載體。並且，性只有一個本然之性、太極全體，所謂的氣質之性只是形上的實體落實在形下的個體中的意思，不過，也正因爲如此，所以現實中的氣質之性，已經不等同於形上的本然之性、太極全體了。關於此，唐先生曾說：

> 朱子承張程之言氣質之性之說，則更重在透過人所稟之氣質，以觀人所受於天之理以爲其性者。……朱子之意，蓋謂性乃自人物之受生以後說。在人物未受生前，此性即理，此理「在天則曰命，不可說是性。」必人物受此理「生物得始來，方名曰性。」（語類五）故此性理之在人物，自始即「與氣質相滾，而同在此。」（《原性篇》，頁 388）

在此，筆者想要嘗試說明一點：雖然就牟先生等多數學者的詮釋來看，朱子所說的氣質之性或許並不符合前賢的用法，但是就朱子自己的思想體系而言，卻是具有合理性而可以成立的觀點。何以見得？因爲朱子既然主張「性即理」，而所謂的理是具有絕對性的概念，因此性也應當具有絕對的唯一性，由此便可以說只有一個本然之性，只不過，在現實的人物之中，本然之性是以氣質之性的姿態來呈現的。其實，牟先生認爲人的生命可以分成義理之性、氣質之性、動物性等層面來探討，這是合理而可接受的。不過，我們卻可以問，朱子是否不重視甚至否定氣質才性的存在？答案應該是否定的。對此，牟先生也曾說朱子「雖肯定『氣質』爲一獨立概念，然卻並不就氣質本身之不同（種種差異相）而說一種性」，又說「當然說氣質與就氣質說一種自然之性，在觀念上並無多大差別」。[註89] 換句話說，朱子並不是沒有氣質的概念，更不是不重視和否定氣質的重要，只是他不以「氣質之性」一詞來專門指稱氣質，甚至可以說，他並不把氣質視作是性，因爲性只有一個，指稱的是形上的實理。對此，朱子曾有以下的表明：

> 氣不可謂之性命，但性命因此而立耳。故論「天地之性」，則專指理言；論「氣質之性」，則以理與氣雜而言之，非以氣爲性命也。（《文集》卷 56，〈答鄭子上十四〉，頁 2722）

此外，對於朱子何以要如此使用「氣質之性」，陳來有一個相當值得參考的看

〔註89〕分別見牟宗三：《心體與性體（一）》，頁 336～337、509。

法，他認爲：

> 由于一切人物兼受所稟理氣的兩方面影響，所以現實的人物之性不
> 能説純粹由理或純粹由氣所決定。爲了説明人性是受理與氣共同制
> 約的，不僅要有天命和氣質的概念，還要有綜合反映理氣影響的人
> 性概念，這就是氣質之性的概念。〔註90〕

綜合前面所言和此處陳先生的話語，我們可以說，如果暫且不考慮語法和思
想史上的問題，顯然朱子基於性即理因此是絕對而唯一的觀點，並且現實的
人物之性又是理和氣的組合，因此才將氣質之性界定爲本然之性落實在氣質
之中的樣態。

接著，朱子也就依此由理和氣所合成的「氣質之性」的概念，來說明人
與人、人與物之間的差異。陳來曾說：

> 在朱熹和他的學生間討論的「理氣同異」問題，按其內容實即指人
> 物之性的同異問題。〔註91〕

所謂人物之性的同異問題，用朱子的話語來說，其中的焦點除了人、物的氣質
之性的差異外，更關涉到枯槁是否有性的論題上。這裡我們先就氣質之性的差
異來說。理、氣在人、物身上究竟是呈現怎樣的狀態，例如是理同氣異，還是
氣同理異，而又是稟賦上有同異，或是表現上有同異？對於這些問題，僅就朱
子的書信而言，相關的說明就不下十封，〔註92〕而現代學者們的討論更是豐富。
就學者們的研究來看，其中最主要的兩種看法是：一、就稟賦上說，人、物身
上的理是完全相同的，只是因爲氣質的限制所以才有表現上的差異，這是多數
學者所持的看法，例如牟宗三、張永儁、金春峰、楊儒賓、杜保瑞；〔註93〕二、
不僅氣質的限制會影響理的表現的差異，而且就稟賦來說，人、物身上的理雖

〔註90〕 陳來：《朱子哲學研究》，頁 203～204
〔註91〕 陳來：《朱子哲學研究》，頁 124。相同之意又見頁 142。
〔註92〕 例如《朱子文集》卷 39，〈答徐元聘二〉、卷 46，〈答黃商伯四〉、卷 50，〈答
　　　　程正思十六〉、卷 57，〈答林一之三〉、卷 58，〈答徐子融三〉、卷 59，〈答余方
　　　　叔〉、〈答趙致道一〉、卷 61，〈答嚴時亨二〉、〈答嚴時亨三〉、卷 62，〈答杜仁
　　　　仲二〉。
〔註93〕 分別見牟宗三：《心體與性體（三）》，頁 497；張永儁：〈從程朱理氣說析論朱
　　　　熹心性論之要義〉，《國立臺灣大學哲學論評》第 12 期（1989 年 1 月），頁 83；
　　　　金春峰：《朱熹哲學思想》，頁 137～138；楊儒賓：〈羅欽順與貝原益軒——東
　　　　亞近世儒學詮釋傳統中的氣論問題〉，《漢學研究》第 21 卷，第 1 期（2005
　　　　年 6 月），頁 266～267；杜保瑞：〈朱熹形上思想的創造意義與當代爭議的解
　　　　消〉，頁 58。

然質相同，但量卻有多寡的不同，就筆者目前所見，此說應是陳來首先提出，後來祝平次也贊同其說。〔註94〕以上兩說的差異並不是天南地北的兩極，其中的不同主要是在：就稟賦上而言，人、物身上的理是否在質、量上完全相同？底下我們舉金春峰和陳來的說法來做對比。金先生說：

> 在本原上天之所賦，萬物是完全相同的，只是所賦之氣有粹駁之不齊，從而萬物之實際地表現出之性理不同。……究其實，如果認為理本身就有欠缺的話，那就是認為，理就是可以分割的。〔註95〕

金先生認為，因為性理是不可分割的全體，所以不論是人或是物，在稟賦上理的質和量都是相同的。這個詮釋可以代表大多數學者的思路，而且有相當的理據。至於陳先生則有另一種解法，他說：

> 按照朱熹的理稟有偏全思想，仁義禮智仍然普遍內在于一切品物，只是性理似應有質和量的雙重規定。就是說，人與物都無例外地稟有仁義禮智四德，但物因氣稟之偏，故所稟受的仁義禮智有偏少，或仁少，或義少，或禮少，或智少，或其中二德少，或其中三德少，或四德皆少。然雖偏或少、仁義禮智四種德性總還是有的。〔註96〕

陳先生認為，人物皆有四德之理，其質是一樣的，只是在各自的量上有或多或少的不同。這個說法，其實也相當的合理。陳先生並且認為「只有了解朱熹的理稟偏全說才能了解他的理有異同說的全部內容，才能懂得他的那些看上去模棱兩可的說法。」〔註97〕以上兩種說法，各自都能夠在朱子的文獻中找到根據，不過正如金春峰雖然偏向前說，但也曾有過這樣的論述：

> 但朱熹確也有另外的說法，……氣稟似乎對理之多少欠缺也是有影響的。……要言之，朱熹在人性、物性等差異問題上，確是有些思想不清的。但以之為前後中期思想發展的不同，則顯得論證不充分。〔註98〕

金先生最後的一句話是針對陳先生而說的，不過從上述的說法，同時也可以看出朱子在這個問題上，的確有著陳先生所作的質同而量異的理解，只是並

〔註94〕分別見陳來：《朱子哲學研究》，頁 135；祝平次：《朱子學與明初理學的發展》，頁 42～44。

〔註95〕金春峰：《朱熹哲學思想》，頁 137～138。

〔註96〕陳來：《朱子哲學研究》，頁 135。

〔註97〕陳來：《朱子哲學研究》，頁 135。

〔註98〕金春峰：《朱熹哲學思想》，頁 138～139。

不一定是早晚期發展上的差異。論述到此，我們可以來看唐先生對這問題的詮釋，他說：

> 此天命之流行，乃爲一整體的理之全之流行，對一切人物，初爲平等，而無心於加以分別者。由是而此「人物之別」之所以形成，即爲依於其氣質之有昏明、通蔽、開塞，若對此「理之全」加以一劃分或割截，方自成其爲只表現如何如何之理，以成爲某一種一類之人物者。（《原性篇》，頁 394）

從這裡來看，唐先生的立場應該是比較傾向於第一種主張的，人、物的差異主要還是因爲氣的參差而使得性理在表現上有不同，所謂「若對此『理之全』加以一劃分或割截」，意指實際上理在稟賦方面並沒有不同，只是在氣的局限下由表現的差異而有此假象。總結地說，對於以上兩種見仁見智的詮釋，筆者在此雖然提出來陳述，但並無意加以判斷優劣，因爲我們所關心的其實是，儘管兩種主張有所不同，但是在萬物皆有性的這一點上，卻是同樣肯定的，而這正是關於枯槁是否有性的論題。

三、理氣世界觀下的枯槁有性

在當代，對於朱子的「枯槁有性」反對最力的，應該莫過於牟宗三；相映成趣的是，唐君毅對朱子這個觀點卻是十分肯定的。底下便以唐、牟的論點作爲研討的對象。先就牟先生的觀點來看，他認爲：

> 若依孟子之「就內在之道德性言性」之義說，不但枯槁無此性，即禽獸亦不能有。若依《中庸》《易傳》之『就「於穆不已」之天命流行之體說性』之義說，則禽獸與枯槁之物亦不能以此道德創生之實體（眞幾）爲其自己之性。此實體雖創生地實現之、存在之，但卻並不能進入其個體中而爲其性，而禽獸與枯槁之物亦並不能吸納此實體于其個體中以爲其自己之性。是則此道德創生的實體雖創生地實現之、存在之，而只能超越地爲其體，卻並不能內在地復爲其性。……朱子是由存有論的解析，就然推證其所以然之理以爲性。枯槁之物有其所以然之理，自然亦有性。但如此言性，顯然不同于孟子《中庸》《易傳》之說法，而如此所說之性亦不同于孟子《中庸》《易傳》之所說。……〔程明道所說「皆完此理」（皆從那裡來），「萬物皆備于我，物皆然，不獨人爾，都自這裡出去」，是在圓融義下理

想地、潛能地言之，亦與朱子之「存有論的解析」不同。〕〔註99〕
相關的論述，在牟先生《心體與性體》三冊中是一再提及的，這裡姑且以這一段作爲討論的基礎，然後總括其曾論及的義涵如下：依牟先生之意，以孟子、《中庸》和《易傳》爲準，只有人能夠具有內在的道德實體以爲其性，至於其他的萬物，不論有生命或無生命，一律都不能以道德實體爲其內在的性，只能說道德實體超越地作爲萬物的本體根源而已。之所以如此說，依牟先生之意，道德創造之性與氣的結構之性截然有別，前者是道德創造之所以可能的根據，後者則只是萬物作爲存在的實然條件，兩者不可混同；就人而言，兩種性都具備，但就物來說，則只具有氣的結構之性。進一步說，人之所以能具道德實體以爲性，而萬物不能，原因又在於人有萬物所沒有的心，人有心則能實踐道德而能以實體爲性，萬物無心則不能實踐道德也就不能以實體爲性。相較之下，朱子卻將道德性和非道德性一起混同，則人和物的差別只在心氣上，而不在道德性的有無，如此一來，「這實體（即性體道體）之道德性，在朱子之說統中卻被減殺，甚至不能保存。」〔註100〕

　　關於牟先生以上的說法，筆者嘗試商榷如下：假如孟子、《中庸》和《易傳》等先秦儒家對於性的界定，確實是像牟先生所判斷的那樣，不以人之外的萬物具有天道實體以作爲其內在的本性，那麼，筆者不得不說這樣的講法存在著相當大的局限性。何以如此說？因爲，假使我們不認爲天道實體或太極之理是個渾然整全的存有便罷，但如果承認它是個具有普遍性的渾全整一，那麼由它所創造的現實世界中的天地萬物，也就應當可以享有將這個理蘊含於其內的權利。對朱子來說，太極之理就是一個渾然整全的理，它必須藉由將自己賦予在天地萬物的身上，由此不但成就了天地萬物的存在，而且也將自己的普遍性眞正地落實和呈現了出來。可以說，這是朱子理一分殊、萬物一理思路下，順理成章的提法。此外，假如我們稍微藉助道家和佛家的思想來作爲參照，就能夠發現朱子的說法不但具有合理性，而且也是相當必要的。例如在老子那裡，個個萬物都是因爲整全的道才有了存在的根據，不僅如此，並且道在創生萬物之後，就同時內在於萬物的身上以成爲其德；而佛家，雖然不像儒家、道家那樣肯定一個客觀實存的創生本體，但在如來藏系裡，仍然認爲一切眾生皆有佛性，不論眾生在現實上能不能夠將佛性加以

〔註99〕牟宗三：《心體與性體（三）》，頁487～488。
〔註100〕牟宗三：《心體與性體（三）》，頁477。

呈現、實踐，但這樣先天內含的本質卻是不能被抹煞的。從這個角度來看，當朱子說天地萬物都具有太極之理以作爲內在的本性，即使是沒有生命氣息的枯槁之物也同樣如此，那麼應當也是個可以給予肯定的合理論點。至於現實中的萬物究竟能不能夠、或者如何呈顯出這個太極之理，那就涉及到了萬物的個體差別，而這則可以另外藉由氣質稟賦的不同來加以說明。〔註101〕

至於明道所說的：

> 所以謂萬物一體者，皆有此理，只爲從那裏來。「生生之謂易」，生則一時生，皆完此理。人則能推，物則氣昏，推不得，不可道他物不與有也。

> 「萬物皆備於我」，不獨人爾，物皆然。都自這裏出去，只是物不能推，人則能推之。雖能推之，幾時添得一分？不能推之，幾時減得一分？〔註102〕

這些論述在牟先生看來，是「本體論地圓具言之」，是「圓教義下之靜觀地、潛能地如此說」，〔註103〕但實際上萬物並不能像人一樣以這道德實體作爲其內在的本性，「然無論如何，明道所說之道體、性體是那『於穆不已』之道德創生的實體則無疑」。〔註104〕讀者可以提問的是，爲什麼相似的話語，在明道說來就是圓教義下的圓融語，而在朱子說來卻成了道德性體的減殺？原因在於，牟先生認爲朱子說枯槁有性只是存有論的解析，並且由這個進路所得到的，只是那只存有而不能活動的靜態實體，但明道所體證的卻是正宗儒家即存有即活動的實體，因此才能說是圓融語。由此可見，牟先生肯定明道而否定朱子的最後判準，還是落在朱子的理只是不能起作用的但理。對於牟先生所判定的朱子的理，筆者並不能接受，這在第二節已經有所論述，因此由此而來的種種批評，我們也就持保留的態度。此外，牟先生對於明道話語的解釋，筆者也同樣有所質疑，原因在於我們採取的是和牟先生不同的視野，而肯定萬物也能以天理爲性。如此一來，明道的那些話甚爲顯然，和朱子相同，

〔註101〕上述之意已見拙著〈對牟宗三詮釋朱子心性、工夫論的若干疑義——以唐君毅之朱子學爲主要視角〉，頁23。

〔註102〕程顥、程頤著，王孝魚點校：《二程集》（北京：中華書局，1981），頁33、34。此兩條並未註明誰語，牟氏則斷定其爲明道語，氏著《心體與性體（二）》，頁55、57～58。

〔註103〕分別見牟宗三：《心體與性體（一）》，頁69；《心體與性體（三）》，頁494。

〔註104〕牟宗三：《心體與性體（三）》，頁494～495。

都認為萬物本就是以天理為性的。在此，可以順帶一提的是，朱子早先並不認為萬物皆有此性理，但是在他從學於延平並經延平指正後便主張萬物也同樣有此理，換句話說，朱子的這個思路是延平教導並且肯定的。然而有趣的是，牟先生雖然認為延平的說法和明道是同樣的思路，但卻不認同延平所加以肯定的朱子的論說。〔註105〕

接著，我們再來看唐先生對於這個論題的見解。他認為：

> 人之所以仍不望禽獸草木之能仁，或以為吾人根本不當望其能仁者，蓋本于其不同于我。……然彼雖不同于我而為人，然未嘗不同于我而為存在。我為存在而有仁之理，彼為存在，又何不可有仁之理？則此問題轉而為仁之理繫屬于我，是繫屬于我之為人之特殊性，抑繫屬于我之為一存在之存在性。如仁之理之繫屬于我，乃繫屬于我之存在之存在性，我為存在而有仁之理，則任何物為存在，亦有仁之理，而萬物皆具仁之理，可普遍建立矣。〔註106〕（《原道篇（三）》，頁485）

明顯可見，唐先生的視野和牟先生是截然不同的。在他看來，萬物雖不同於人，但這並不構成仁之理只能在人而不能在物的差異，因為人之所以具有仁之理，只是因為人作為一種存在，而不是因為人在存在的位階上優於萬物。換句話說，仁之理並不因為人、物之別，就有了內在與否的差異，因為如果是這樣，那麼仁之理也就無法作為所有存在的存在性了。再者，唐先生又說：

> 仁之作用，唯是使其成物之事成可能，即意涵：在仁者之心，此理之被自覺一面，非此理之必須有之屬性，而此理之使成物之事可能，乃此理之必須有之屬性。同時意涵：凡真能使成物之事成可能者，即可謂具此理，而此理之是否被自覺，非此理呈現之必須條件，唯其能成物，乃此理之必須條件。夫然，故人能自覺此理而實現之，固為能具此理者；而不能自覺此理之其他萬物，亦未必不能具此理而實現之者矣。〔註107〕（《原道篇（三）》，頁494）

仁之理之所以作為仁之理，乃在於它是能生物成物的生之理，「仁之理唯是使

〔註105〕朱子和延平的問答，以及牟氏對延平之語的解說，見牟氏《心體與性體（三）》，頁21～24。

〔註106〕引文中「乃繫屬于我之『存在』之存在性」，「存在」二字原為「存存」，筆者依文義修改。

〔註107〕引文中「固為能具此『理』者」，「理」字原書作「現」，筆者依文義修改。

物成之理」、「仁之理唯是生之理」，〔註108〕只要是對任何存在有所生成造就，便可以說具有仁之理，至於是否被人、物所自覺，並不是仁之理具備與否的必然條件。這和牟先生的詮解更是全然相異的。且看朱子底下的話語：

1. 性者，人物所得以生之理也。(《四書章句集注‧孟子集注》，頁297)

2. 生之理謂性。(《語類》卷5，頁82)

3. 仁是箇生底意思。(《語類》卷20，頁474)

所謂的性，便是生之理，也就是人、物得以存在以及成就其他存在之理，這裡只牽涉到能否生物成物的問題，而無關於人、物是否自覺。

再次，唐先生說：

> 一切物之理，皆根據于生之理之眞實，而有眞實之意義。……由此而吾人將可言一切理之表現于存在物，唯是此生之理表現于存在之不同方式，然後可說理一分殊，說統體一太極，一物一太極。(《原道篇（三）》，頁498～499)

與牟先生嚴分道德之性與氣的結構之性不同，唐先生認爲所有存在物所表現出來的特殊個別的理，其實都是仁之理、生之理在種種不同的存在物上的不同表現，因爲所有存在的個別之理，都是根據最終眞實的生之理而得以實現的。換句話說，生之理雖是唯一的本體，但它的表現方式、樣態卻是千別萬殊，並不是僅僅局限在所謂的人的道德行爲，而這也是朱子之所以能夠透過格物窮理以致知的原因所在。相近之意，唐先生又說：

> 吾人誠能識得此仁之理即生之理，而于一切生之事之體驗中，見此生之理、仁之理無不在，則一切生之事，皆是此理之表現；亦無此理以外之理，無不生之理，亦無無生之理之物。(《原道篇（三）》，頁506)

有存在物之處，便可說是生之理的表現之處，這正是朱子所謂的：

1. 至論其遍體於物，無處不在，則又不論氣之精粗，而莫不有是理焉。(《文集》卷46，〈答劉叔文二〉，頁2095)

2. 若如所謂「縱無生氣，便無此理」，則是天下乃有無性之物，而理之在天下，乃有空闕不滿之處也，而可乎？(《文集》卷59，〈答余方叔〉，頁2913)

〔註108〕分別見唐君毅：《中國哲學原論：原道篇（三）》，頁494、495。

3. 天下無無性之物，除是無物，方無此性。（《文集》卷 58，〈答徐
　子融三〉，頁 2813）

4. 夫天下無性外之物，而性無不在，此無極、二五所以混融而無間
　者也，所謂「妙合」者也。（《太極圖說解》，頁 74）

朱子既然主張性即理，而理具有普遍性，性也就當然具有普遍性。如果性無法
遍在於所有的萬物身上，那麼性不但因失去普遍性而不能稱為理，而且生之理
本身也就不再是真正的生之理，因為它並不能普遍地表現在萬物的存在上。

　　接著，唐先生談到：

凡存在之物，林無靜樹，川無停流，皆有此生之理、仁之理，以各
變化其所變化，各生其所生，各仁其所仁。……獸殘而不傷其子，
落葉以養其根。風雲變化，花草精神，皆將有所成、有所生。其有
所不仁也，而非無所仁也。（《原道篇（三）》，頁 506）

人物之不能盡實現此仁之理，其咎不在其不具此仁之理而有不仁之
理，而咎在其所以實現仁之理之氣。理必求普遍實現而無限。氣有
所實現，而實現者，皆一特殊而有限。氣有限，而其仁也有所未仁。
未仁非無仁。（《原道篇（三）》，頁 507）

凡存在，只要能有所生有所成，雖然是各有其存在的氣質限制，但卻不妨礙
其能表現生之理，所謂「其有所不仁也，而非無所仁也」、「其仁也有所未仁，
未仁非無仁」，正點出了仁或不仁並不能只以人的視角來看，而當以天地所以
生物成物的視野而觀。此所以朱子說：

問「〈復〉見天地之心」。曰：「天地所以運行不息者，做箇甚事？只
是生物而已。物生於春，長於夏，至秋萬物咸遂，如收斂結實，是
漸欲離其本之時也。及其成，則物之成實者各具生理，所謂『碩果
不食』是已。夫具生理者，固各繼其生，而物之歸根復命，猶自若
也。如說天地以生物為心，斯可見矣。」（《語類》卷 71，頁 1791）

天地之大德曰生，在萬物各遂其生的時候，同時也是讓整體的世界得以運行
不已的存在，不論其作用是多是少、是大是小，對於世界的運行卻是提供了
自己的所能。當然，既然人在氣質的限制上遠少於其他萬物，那麼對於仁之
理就必須有更高的要求。對此，唐先生說：

吾人雖可謂物亦有生之理、仁之理，然彼之生至小，仁至微。而人
之生、人之仁，則擴大之而可無極。而有覺無覺之別，雖非具此理

> 與不具此理之別，而關係至大。由覺之義，乃可見萬理之統于一心。
> 不覺則行不著、習不察，安于所限而不能充之。覺之則充之，而不
> 能自已。(《原道篇（三）》，頁510)

儒家向來肯定人在存在上優位於其他萬物，但依此也更要求人當自覺地實現仁之理以參與天地的造化生育。牟先生認為朱子說枯槁有性會令性體的道德義減殺甚至不存，但透過唐先生以上的剖析，我們卻能夠發現，朱子的觀點不僅沒有令性體的道德義減殺，反而讓天、人、物在統體的世界裡得以共同構成一個有機的整體，因為天地的存在及其生化運行不已，並不是人所能單獨成就，每個存在物都是參與其中而盡其所能的。我們當然不能夠要求其他萬物成就像人一樣的道德行為，因為萬物受限於氣質的箝制遠大於人，但這並不表示萬物不能表現生之理的道德意義。可以說，朱子的觀點，不只不會讓性體的道德義減殺，因為人因著氣質的限制較少，所以更應該對世界的生化擔負更多的責任，並且，同時也讓性體的道德義得到了更開闊的意義，而且也才真正具有普遍性，此朱子所謂統體一太極、人物各具一太極也。

第三章　唐君毅對朱子心性論的詮釋

第一節　從一般工夫論來說明朱子對人心、道心的開合

一、綜述唐君毅對人心、道心的詮釋

　　對於朱子的心性論，特別是在心的定位上，唐君毅有著相當值得學者們借鏡的詮釋方式，這就是他對朱子思想中的心的地位，是從不同的層次問題來看待和解釋的。唐先生說：

> 至于朱子如何言此心與理之關係，與心之存在地位，則朱子在宇宙論與一般工夫論中，其泛說此心在天地間之地位，及泛說工夫者，與其扣緊心性論以言心與工夫者，三方面之言，實未能全相一致，而有不同之論。（《原性篇》，頁636）

唐先生認為對朱子所說的心，至少須要從一般工夫論、宇宙論以及純粹心性論等三個層面來認識，這樣的詮釋方法對於思想體系龐大的朱子而言，應該是十分合宜的，並且，在不同的層面上，朱子也的確存在著不同的論述，因此如果只從一種視角來解釋，往往會不得其全貌或者以偏概全。在這一節裡，我們將先討論第一種層面的人心和道心的問題。

　　對朱子所謂的人心、道心，我們先看唐先生一段十分重要的界定，他認為：

> 朱子所謂道心，乃由人之表現其心之四德而成，亦即心之天理性理，實際實現或表現於心而成。此即不同於統言人有具性理之心。……

> 於是人之一心之呈現，即可自其已表現其性理者，而名之爲道心；
> 就其可實現表現道，或其已私不妨礙道心之呈現者，而名爲人心；
> 就其人心之已私之足以妨礙道心之呈現者言，稱其私爲私欲，或不
> 善之人欲，而此心即爲一具不善之人欲或私欲之心。由此而一心即
> 可開爲二心或三心以說。（《原性篇》，頁 417～418）

由這一段話，至少可以看出唐先生的三項理解：首先，朱子的道心指稱的是
人已經將心所天生具有的性理，實際地實現和表現出來的狀態，因此不同於
指謂先天具有性理的本心。當然，就本質而言，兩者的內涵都是道德性的意
義，這是能夠肯定的，但兩者也確實有著已表現和未表現的差異，這也就是
唐先生之所以不直接將朱子的道心說爲本心或性體的緣故，因爲道心所指的
是人經由工夫修養而後所呈現出來的合乎本心、性體的狀態；也就是說，道
心是一個境界論上的表述語，而不是用以指稱本體的話語。依此類推，那麼
朱子所說的人心，其所指稱的面向也是在表現上的狀態，而不是直指潛存在
人身上而尙未呈現出來的氣稟概念。其次，應該將人心和不善之人欲加以區
別開來，這個區分主要是著眼在價值意義上的判斷，因爲在朱子的系統裡，
道心所代表的是一種道德義涵的狀態，因此與道心相關或相對的概念，也應
該具有價值意義上的說明。就唐先生看來，人心指稱的是一種價值中性的狀
態，它可以向道德義的道心狀態提升，但也可能會陷溺於惡的不善之人欲的
狀態，因此就其概念本身來說，是屬於中性的中立地位。第三，雖然有道心、
人心、不善之人欲等三種區分，但是實際上人只有一個心，也就是說，這三
個概念並不是各自指稱一個心，而是就著同一個心以指稱現實主體的不同狀
態；這其實也正說明了道心不等同於本心或性體，而只是描述本心或性體所
呈現出的狀態。

二、道心不等同於未發之性體

唐先生對於朱子的人心、道心之說，我們且先論述如上，底下引述其他
學者對這個問題的相關研究，以展開對比和討論。與唐先生上述的著眼點相
近，學者們對朱子人心、道心所注目的問題主要是：一、人心、道心是已發
還是未發；二、道心是否等於本心或性體；三、人心在價值上的定位問題。
先就第一個問題來說，人心是已發似乎已經是大家的共識，至於道心則因爲
牽涉到第二個問題而有不同的理解。請先看蒙培元以下的說法：

　　從朱熹的論述看，「道心人心」與「未發已發」的關係是清楚的，二
　　者都是指已發而言，並不是以未發爲道心，已發爲人心。他又把惻
　　隱等等說成「道心」，把喜怒哀樂等等說成「人心」，實際上是說兩
　　類情感意識，即道德情感和自然情感的自我意識。〔註1〕

之所以說人心、道心都是已發而不是未發的，蒙先生是根據朱子所謂「知覺」
的認知，以及「生於」或「發於」的來源上說的，例如朱子說：

　　或問「人心、道心」之別。曰：「只是這一箇心，知覺從耳目之欲上
　　去，便是人心；知覺從義理上去，便是道心。」（《語類》卷78，頁
　　2009）

　　道心是義理上發出來底，人心是人身上發出來底。雖聖人不能無人
　　心，如饑食渴飲之類；雖小人不能無道心，如惻隱之心是。（《語類》
　　卷78，頁2011）

與此相近的提法，在《語類》中是一再出現的。單由這兩條紀錄就可以窺知：
就內涵意義來說，人心、道心的內容確實有所不同，前者是自然的慾望，後
者則是道德的價值；而就狀態來說，不論是從知覺的角度看，還是從發出來
的角度看，兩者都是屬於已發、已表現的樣貌。與蒙先生意思相近，我們可
以再看陳來的說法，並接著再轉入另一個層面的問題。陳先生認爲：

　　道心不是性，道心與人心不是體用關係。馮友蘭先生舊著《中國哲
　　學史》中說「性爲天理，即所謂道心也」。早如明代羅欽順即有此說。
　　近來有學者亦主此說，……這些說法是否合乎朱熹思想皆可商
　　榷。……道心與人心都是屬於已發之心，並不是性。道心發於仁義
　　禮智之性，但不是性。人心發於血氣形體，但不是血氣。〔註2〕

在這一段話裡，陳先生反對羅欽順、馮友蘭等以朱子的道心爲性的說法，因
爲不管是人心還是道心，兩者都是已發的心；單就道心而言，雖然它的內容
本質和道德性體是相同的，但兩者畢竟是不同的指謂。以上蒙先生和陳先生

〔註1〕　蒙培元：《理學範疇系統》，頁288。
〔註2〕　陳來：《朱子哲學研究》，頁229。對於羅欽順認爲道心是未發之性，並不同於
　　　　朱子之說，楊儒賓、李明輝都曾有所提及。楊氏云：「『道心』被釋爲「性」，
　　　　釋爲『未發』，這是羅欽順大不同於朱子的要點。」〈檢證氣學——理學史脈
　　　　絡下的觀點〉，頁268；李氏云：「對朱子而言，道心與人心只是心的兩個面向，
　　　　均爲已發。……朱子的這種解讀與明儒羅欽順的解讀適成對比。」〈朱子對「道
　　　　心」、「人心」的詮釋（上）〉，《鵝湖》第33卷，第3期（2007年9月），頁14。

的見解，〔註3〕都正好能夠用來作爲我們前面詮釋唐先生話語的旁證。

不過，另外也有學者的見解跟上述有所不同。在這裡，我們舉馮耀明、陳榮開和金春峰的說法作爲例子。馮先生曾對前引陳來的論點有所討論，他認爲陳先生對馮友蘭以道心爲性的批評是有道理的，但是將道心視爲全是已發則頗有問題，他如此論道：

> 朱熹說：「道心，即惻隱、羞惡之心。」無疑是以道心爲已發之心。可是他也說：「知覺從義理上去，便是道心。」由於知覺與思慮不同，知覺既未涉物而從義理上去，此道心自可以是未發的。……朱熹說：「道心是本來稟受得仁義禮智之心。」便是這個意思，從「本來稟受得」言，似乎很難說道心是已發的。〔註4〕

馮先生認爲朱子的道心雖然不是性，但它是兼已發和未發的。馮先生的依據有二：首先，他區別了朱子所謂的「知覺」和「思慮」的不同，他認爲朱子使用這兩個詞，雖然都是用來指稱心靈的，但前者所表示的是「心靈虛靈不昧之醒悟狀態，而不涉及外界之事物」，而後者則是「心靈接應外界事物之思想活動」；也就是說，前者是未發，而後者才是已發。〔註5〕對於馮先生這樣的區分，筆者雖然認爲不無道理，但朱子的所有用語，特別是《語類》的紀錄語，是否都能夠如此套用，則是須要有所保留的。僅就朱子以「知覺」一詞來討論人心、道心而言，也似乎不能支持馮先生的區分。例如朱子說：

> 道心是知覺得道理底，人心是知覺得聲色臭味底。（《語類》卷78，頁2010）

> 知覺從饑食渴飲，便是人心；知覺從君臣父子處，便是道心。（《語類》卷78，頁2011）

不論是「知覺得聲色臭味底」，或是「知覺從君臣父子處」，都涉及外在的事物，而不是隔絕以潛存的未發狀態。至於馮先生的第二個依據，則是他所舉的《語類》「道心是本來稟受得仁義禮智之心」的話語。這個引證似乎也頗有說服力，然而當我們查閱相關的論述時，便可以發現這句存在於《語類》的話，只是一個孤例，不僅《文集》中沒有如此的說法，連《語類》也沒有

〔註3〕 姜廣輝對此問題之詮釋，亦與蒙、陳二人相近，見氏著〈論朱熹集大成的心性學說〉，《漢學研究》第11卷，第1期（1993年6月），頁34～36。

〔註4〕 馮耀明：〈朱熹心性論的重建〉，收在鍾彩鈞編：《國際朱子學會議論文集》（臺北：中央研究院中國文哲研究所，1993），頁456～457。

〔註5〕 馮耀明：〈朱熹心性論的重建〉，頁455。

其他相同的紀錄。因此，就詮釋的涵蓋性而言，即使這不是紀錄者有意無意之間所產生的差距，也畢竟僅僅是一個孤例，似乎不能用來全盤否定朱子整體的論述。因此，從上述兩方面來看，對於馮先生以道心乃是兼涵未發和已發的主張，本文無法採納。

　　接著，我們來看陳榮開的說法：

　　　　在他看來，人心屬氣，「氣主於形而有質」，「故私而或不善」，而「其發皆人欲之所作」；道心屬性，「性主於理而無形」，「故公而無不善」，而「其發皆天理之所行」。因此，人心無論其所呈現的狀態為何，固不因其所發中節與否而改其本質之為有異於道心；既不待其有過不及之差始謂之為「人欲之所作」，亦不因其有偶然之清明純粹遂「認以為道心」。〔註6〕

對於陳先生的見解，底下分為兩部分討論。首先，他的論點依據是朱子〈答蔡季通二〉的說法。在這封書信裡，朱子有著一段似乎足以讓人將道心理解為性和未發的話語，〔註7〕特別是「此舜之戒禹，所以有『人心』、『道心』之別，蓋自其根本而已然，非為氣之所為有過不及，而後流於人欲也。」然而，對於這樣提法，朱子隨後在和鄭可學的討論中，便自己加以否定了。關於這個修改，錢穆已經有頗為清晰而且合理的論述，〔註8〕而陳先生在文章中也曾引述錢先生的意見，但他仍然認為：

　　　　大抵錢氏謂朱子答語「不覺主張理一邊太過了」，以致下語未瑩，固是的論；而謂其「自其根本而已然」一語，即其所謂語有未瑩處，則恐未盡然。〔註9〕

陳先生所一貫堅持的立場是：朱子對於人心、道心的區分是本質上的差異，

〔註6〕　陳榮開：〈朱子的《中庸》說：《中庸章句‧序》中有關道心、人心問題的看法〉，收在朱傑人編：《邁入 21 世紀的朱子學：紀念朱熹誕辰 870 周年、逝世 800 周年論文集》，頁 66。

〔註7〕　朱子云：「人之有生，性與氣合而已。然即其已合而析言之，則性主於理而無形，氣主於形而有質。以其主理而無形，故公而無不善；以其形而有質，故私而或不善。以其公而善也，故其發皆天理之所行；以其私而或不善也，故其發皆人欲之所作。此舜之戒禹，所以有『人心』、『道心』之別，蓋自其根本而已然，非為氣之所為有過不及，而後流於人欲也。」，《文集》卷 44，〈答蔡季通二〉，頁 1912。

〔註8〕　錢穆：《朱子新學案（二）》，收在《錢賓四先生全集》第 12 冊，頁 224～227。

〔註9〕　陳榮開：〈朱子的《中庸》說：《中庸章句‧序》中有關道心、人心問題的看法〉，頁 68。

前者是氣，後者則是性。對於這個理解，筆者有所保留，請看底下鄭可學和朱子的問答：

> 此心之靈，即道心也。道心苟存，而此心虛，則無所不知，而豈特知此數者而止耶？
>
> 此心之靈，其覺於理者，道心也；其覺於欲者，人心也。昨〈答蔡季通書〉語卻未瑩，不足據以爲說。（《文集》卷56，〈答鄭子上十〉，頁2713）

明顯可見，朱子不認爲心之靈就是道心，而是心覺於理才是道心，也就是說，朱子依舊認爲人心、道心的區別，應該從心靈所表現的是道德的價值，或是自然的慾望來辨別。其次，陳先生認爲人心、道心乃本質的差異，而不因表現上的中節與否而改變，這其實也是有違朱子的話語的，試舉三例如下：

1. 問：「饑食渴飲，此人心否？」曰：「然。須是食其所當食，飲其所當飲，乃不失所謂『道心』。若飲盜泉之水，食嗟來之食，則人心勝而道心亡矣！」
2. 饑食渴飲，人心也；如是而飲食，如是而不飲食，道心也。
3. 饑欲食，渴欲飲者，人心也；得飲食之正者，道心也。（《語類》卷78，頁2011）

以上三條，都表明了心因著自然的生理欲望而飲食，這樣的行爲便是人心的狀態；但同樣是飲食，卻必須合乎價值義的規範才算是道心，也就是說，雖然只是自然本能所須的飲食，但這時的心卻是呈現出合乎道的行爲、狀態，這樣就可以稱之爲道心。因此對於陳先生所持的論點，本文也同樣無法接受。

藉由上述的討論，相信已經可以肯定朱子所謂的道心並不等同於性，而是指已發的合於道德價值的狀態，因此對於金春峰所提出的：「道心即天命之性」、「道心是天賦的，不是經由後天學習或『橫攝』而來的」、「『道心』乃『稟彝不可磨滅』之道德的本心、仁義本心」等等說法，〔註10〕筆者無意再多花篇幅討論。簡要地說，金先生亟欲證成「朱子晚年走的是孟子心學的思路，思想的基本傾向是心學而非今人所謂『理學』」，〔註11〕其《朱熹哲學思想》全書也是爲了證明朱子乃心學而作。其中對於朱子的詮釋，有許多是筆者能

〔註10〕金春峰：〈朱熹晚年思想〉，《山東大學學報（哲學社會科學版）》2005年，第1期，頁71。
〔註11〕金春峰：〈朱熹晚年思想〉，頁70。

夠接受和贊同的，但是專就朱子的「道心」這一概念而言，金先生的理解卻
是我們所無法採取的。

三、由一心開展爲三心

接下來，我們便來論述「人心」在價值上的定位問題，而這也正關聯著
唐君毅所提出的，朱子將一心開展爲三心的見解。唐先生曾說：

> 朱子之言人心道心人欲之問題，韓國朱學者韓元震朱書同異考，嘗
> 謂其前後有四說。(《原性篇》，頁419)

這裡，我們無意詳細探究朱子對這些概念的理解是如何演變的，而只須要簡
單地指出：唐先生認爲朱子早先對於人心這一概念，是採取和道心完全對立
面的觀點，也就是說，起初人心的意義和不善的私欲是一樣的；再換句話說，
道心是善的價值意義，而人心則是當去除的不善之惡。但是後來，朱子對人
心一概念卻有了不同以往的看法，唐先生如此說：

> 朱子之學之所歸，其所謂道心、人心，及與道心爲對反之不善之人
> 欲，明爲三義：而此中之人心，則尅就其本身言，乃雖有危亦可合
> 道，而爲可善可惡之中性者也。(《原性篇》，頁421)

關於朱子起先將人心視爲與道心全然對立，並且是當去除的私欲，陳來也有
相近的看法；〔註12〕而後來朱子不將人心視爲不善或惡的私欲，更可以說是
學者們的共識。對此，陳來有一段相當值得參考的論述，他說：

> 如果照一般所理解的，「人欲」「私欲」是與天理相對立的必須去除
> 的惡的欲念的話，那麼，朱子是反對把「人心」等同於「人欲」或
> 「私欲」的，……當然，如果只是以「人欲」「私欲」指人的生理欲
> 望和由此產生的基本物質要求，而不是以「人欲」「私欲」爲全不是
> 的話，也無礙把「人心」叫做人欲或私欲。〔註13〕

藉由上述的說法，筆者所想提點出的是：如果在朱子的思想裡，人心一概念
最後是確立在中性的地位，那麼唐先生所提出的，朱子乃將一心展開爲三心
的說法，便是十分須要的。換句話說，雖然朱子主要是以人心、道心爲一組
概念來論述，但就其整體思想的合理要求而言，加入不善之人欲以與人心、
道心並列爲三種價值判斷的狀態，是相當必要而合宜的。

〔註12〕陳來：《朱子哲學研究》，頁230。
〔註13〕陳來：《朱子哲學研究》，頁228。

不過，一如前面所說，在實際上人只有一個心，所謂的人心、道心、不善之人欲，只是用來描述人的身心所表現出來的樣態。也就是說，一心雖然可以開展爲三種心靈狀態，但三心終歸只是一心。對此，唐先生有一段由三心歸爲二心，又由二心以歸於一心的談論。他說：

> 尅就實際之人心言，如其不覺於理，以聽命於道心，化同於道心，又必以其覺於欲，而歸於單獨發展其欲，以離道違道。故此人心又非眞能自持其獨立存在，以自持其爲一無善無惡之心者。……由此而所謂三心，即仍歸於二心。然此二者，既一善一惡，互相對反，「此勝則彼退，彼勝則此退，無中立不進退之理」（語類十三）。二相對反之心不容並存，則實際上人所有之心，又仍只是一心而已矣。（《原性篇》，頁 425）

此中，由三心而爲二心，再歸於只是一心，正明顯可見我們一再強調的：所謂的人心、道心、不善之人欲，乃是人的三種心靈狀態，它們是已經呈現出來，並且是用道德的標準來加以界定的概念。就自然的、中性的慾望來說，它是人存在的基礎，是不該否定或消滅的，只是在朱子看來，每一個起心動念、行爲舉止，都應該以天賦的性理爲價値的依歸，特別是自然的慾望，因爲它往往是不進則退，不提昇則陷溺的一個中介點。此所以朱子強調說：「天理人欲之分，只爭些子」、「天理人欲，幾微之間」（《語類》卷 13，頁 224）。當然，這其實也就須要關聯到工夫修養的問題了，而這也正是唐先生以工夫論來區別由一心展開爲三種心靈狀態的原因。

順著上述的脈絡，最後我們便來論述朱子由工夫修養以說人心、道心及不善之人欲的思想。底下援引朱子對此問題的兩篇最爲重要的文獻，然後嘗試闡述其義涵，以作爲本節的結語。朱子寫道：

> 蓋嘗論之，心之虛靈知覺，一而已矣，而以爲有「人心」、「道心」之異者，則以其或生於形氣之私，或原於性命之正，而所以爲知覺者不同，是以或危殆而不安，或微妙而難見耳。然人莫不有是形，故雖上智不能無「人心」；亦莫不有是性，故雖下愚不能無「道心」。二者雜於方寸之間，而不知所以治之，則危者愈危，微者愈微，而天理之公，卒無以勝夫人欲之私矣。「精」則察夫二者之間而不雜也，「一」則守其本心之正而不離也。從事於斯，無少間斷，必使「道心」常爲一身之主，而「人心」每聽命焉，則危者安，微者著，而動靜云爲，自無

過不及之差矣。(《文集》卷76,〈中庸章句序〉,頁3828)

心者,人之知覺,主於身而應事物者也。指其生於形氣之私者而言,
則謂之「人心」;指其發於義理之公者而言,則謂之「道心」。人心
易動而難反,故危而不安;義理難明而易昧,故微而不顯。惟能省
察於二者公私之間,以致其精,而不使其有毫釐之雜,持守於道心
微妙之本,以致其一,而不使其有頃刻之離,則其日用之間,思慮
動作,自無過不及之差,而信能執其中矣。(《文集》卷65,〈大禹
謨〉,頁3284)

這兩段義理全然相通的文字,可以視為是朱子對人心、道心的最終定見。在論
述的形式上,前半段都是在對心,以及人心、道心下定義,而後半段則都是轉
入到工夫修養的問題,這是朱子對義理的概念闡明與修養實踐兩者並重的例證
之一。首先,心的重要特質是虛靈知覺,並且它是獨一無二,而又能夠作為人
處世應物種種活動的主宰者。這裡確立了心的自主權,而也正是工夫修養之所
以可能的成立基石。然而,既然心只是一個,那何以要有人心、道心的提法,
這便關聯到人的起心動念、所作所為是順形氣之私,還是從義理之公;如果只
從前者著眼,那麼所表現出來的只是人心的樣貌,而假如是由後者立足,那麼
呈現出來的便是道心的狀態。進一步說,人心雖然不一定是惡的,但因為人原
本就是受氣稟物欲限制的存在,因此如果只順著形氣之私來行事作為,勢必將
流於為惡的可能,所以人心便是危殆而不安的狀態,而須要特別加以戒慎恐懼;
相對的,也正因為人是現實中的有限者,所以不免被層層氣稟物欲所籠罩,因
此義理之公甚難呈現出來,所以道心便是微妙而難見的狀態。再進一步說,人
心雖然是危殆而不安的狀態,但它並不是須要被全盤否定或絕滅的,因為饑渴
飲食是人作為現實有限存在的必須要求,只是它必須被轉化,轉化成能夠體現
天生本來具有的道德性理的道心狀態,而也正因為人本有善性,所以當人面對
人事物而當下有所惻隱或羞惡等等,便都能夠稱之為是道心的狀態。當然,當
下的呈現還不足夠,必須持之以恆的保持和擴充這樣境界,才是更重要的,而
這正轉入了工夫修養的層次問題。在這裡,朱子所論述的是「精」、「一」的工
夫,關於這兩個概念,《語類》也有多次與此相通的說明。〔註14〕所謂的「精」,

〔註14〕且舉兩條如下:「精,是辨別得這箇物事;一,是辨別了,又須固守他。若不
　　　辨別得時,更固守個甚麼?若辨別得了又不固守,則不長遠。惟能如此,所
　　　以能合於中道。」、「因論『惟精惟一』曰:『虛明安靜,乃能精粹而不離;誠

主要在指出心必須自覺地辨明自身所表現或呈現的狀態是人心還是道心，這可以說是第一步的自覺工夫。因爲人在日常生活中往往是處在不自覺的狀態，一般說來也就是屬於人心的狀態，但是這樣被氣稟物欲所籠罩的不自覺的狀態，一不小心便會流於不善或產生惡的行爲，因此朱子才會一再地告誡這一自覺明辨的重要，切莫讓原本已經是危殆不安的人心更爲危險，而令原本已經是微妙難見的道心被隱蔽不見。而所謂的「一」，則可以說是第二步的持守工夫。當我們一念之間有所自覺而能夠實踐合乎義理的行爲時，這當然是處在道心的狀態，但是人的心常常是隨著萬事萬物而頃刻之間念念遷移的，這是現實的人所無可逃的局限，也因此，唯有不斷地在身心上進行工夫的修養，才能讓人常處在道心的善的境界，而不隨著慾望之流而退轉，甚或墮入惡的深淵。關於這種人所無法避免的限制，在宋代的儒者中，朱子無疑是最能正視和重視的代表人物，而這樣的思路也影響著他對心性和工夫的理論，這在下面的章節裡，也會再加以說明。最後，此中朱子雖然沒有明文提及唐先生所謂的「不善之人欲」，但從中性的人心狀態，必須轉化爲善的道心狀態來看，則朱子理當預設了有一種屬於惡的不善之人欲的狀態。

第二節　從宇宙論的角度切入朱子所謂的氣之靈

一、綜述唐君毅對心爲氣之靈的詮釋

關於朱子所謂的「氣之靈」的提法，學者們的詮釋和評價有著相當大的落差。先簡要地舉例來說，如牟宗三、李明輝都認爲朱子所說的心只是屬於氣，因此並不能成爲眞正的道德主體，當然也就沒有自律道德，而僅能流於他律道德，並且更依此而判定朱子是儒學的歧出；相較之下，錢穆、杜保瑞也認爲朱子所說的心是屬於氣，但他們卻認爲這不但不是不足的缺失，反而是一種十分合理的說法。除此之外，也另有許多學者認爲朱子思想中的心並不僅僅只是氣而已，例如蒙培元、陳來、張立文、金春峰、姜廣輝等等都是持這樣的見解。對於上述的看法，這一節和下一節將會適時地加以提及和討論，並試圖說明其中的合理性。此外，須要先說明的是，這一節對心爲氣之靈的討論，和下一節對本心、心體的論述，兩者的關係相當的密切；如果用

篤確固，乃能純一而無間。』」，《語類》卷78，頁2010、2014。

比較的方式來說，這一節偏重在消極意義上反駁將朱子所謂的心只定位在氣的層面，而下一節則著重在積極意義上證成朱子本有儒家所主張的道德本心、性體。當然，這兩節中的論述，仍然都是有破有立的，但以這一節為基礎，而以下一節為延伸，則是本文的著眼點。

　　一如標題所表示的，唐君毅認為朱子的心為氣之靈的提法，必須從宇宙論的角度來理解。那麼，他所詮釋的具體內容是如何呢？底下分別引用兩段話語，並嘗試略加說明。唐先生認為：

> 朱子之以心為氣之靈，無形中即顯出一重心與氣之關係，而輕心與
> 理之關係之色彩。其所以重心與氣之關係，而忽心與理之關係，則
> 關鍵在其言天之生物雖以理為主，而言人物之受生，則以氣為主。
> （《導論篇》，頁 502）

理雖然是萬物的本體，然而從宇宙生成的立場來看，形上的理創生萬物必得藉由形下的氣才能完成。唐先生認為：朱子之所以會說心為氣之靈，主要是從人的稟受來說，因為理是在氣化成形體之後才稟賦在人身上而成為其性的，至於人的心則更是形體存在後才有的，雖然它是至為虛靈的事物，但畢竟仍是後於氣而存在的，因此才說它是氣之靈，而由此也可以看出心和氣之間的緊密關係。〔註15〕唐先生又說：

> 至於朱子之言心為氣之靈、氣之精爽，則是就心之連於氣，而附心
> 於氣以說者。自客觀的宇宙論之觀點看，人之心固必連於其自身之
> 表現於氣者以言，則此語亦可說。然如純自心性論之觀點言，此語
> 亦不須說；如要說此語，則至少須與心者「理之所會之地。」（語類
> 卷五）合說方備。（《原性篇》，頁 399～400）

他認為就宇宙論的脈絡來看，說心是氣之靈也並不是沒有道理的，因為心原本就必須透過氣才能加以表現，只是，我們不該只從這個視角來界定心，而必須賦予它更積極的內涵意義。依唐先生之意：純粹就心性論的觀點說，心和理其實是一同呈現的，從這個角度就可以肯定心和理是形而上的合一，也就是象山、陽明所說的心即理的本心；對於這樣的本心，儘管朱子因為受到宇宙論視角的限制，以致於不能像陸、王所說的那樣地充分，但其實他同樣也是有所觸及的。〔註16〕以上兩段，大約已經可以概括唐先生所謂的：朱子

〔註15〕唐君毅：《中國哲學原論：導論篇》，頁 502。
〔註16〕唐君毅：《中國哲學原論：原性篇》，頁 400～401。

說心爲氣之靈乃是從宇宙論的角度切入的。

再者，唐先生對於朱子所謂的氣之靈的說法，有批評也有肯定，但批評的意見無疑是比較多的，並且，這些批評的看法，主要是集中在《導論篇》裡的討論。筆者之所以提及這一點，是因爲後來唐先生對於氣之靈的評論曾有改變，雖然前後並不是矛盾衝突的，但卻明顯可見其著眼的重心有所轉移。關於唐先生對氣之靈的批評，筆者已經有過綜合的論述，現引錄於下：

> 首先，他指出朱子雖然極力希望人要讓心作爲身的主宰，而不要昧著天理以隨順私欲，但是氣之靈的說法卻很可能會使心只屬於身，而有墮入以身觀心的缺失。所謂以身觀心，是指就心還沒有呈現出本心，而任隨身體的習氣來行事的時候看心。但是唐先生認爲不應當從這裡看心，因爲這時候的心只是被氣所掌控的，並不能眞正自我作主，所以應該要從心自己呈現爲本心而作爲身體的主宰時看心才適當。

> 其次，唐先生以爲朱子所謂的心猶陰陽而有動靜的說法，雖然有其可以應用的地方而並非妄說，但也只能夠應用於一般的心理活動，可是這卻無法應用於人的自覺的本心。因爲本心是在動靜之上而統攝動靜的，並不是落在一動或一靜而被動靜的範圍所統攝的。因此本心無論寂、感、動、靜，都是純一而恆常如其本然，並不能說它本身就是像陰陽的一動一靜，而只能說當它接觸到事物時，可以透過氣而產生不同的應對。

> 再次，朱子雖然重視理的超越義，但是如果只是以心爲氣之靈，而不知道本心實際上也跟理一樣具有超越義，那麼這樣所談的心仍然不能調適上遂，進而讓他所說的理儘管超越卻也不免流於虛懸。〔註17〕

這裡須要補充說明的，主要有兩點：首先，唐先生以上的批評，所預設的是心原本就應該是與理合一的，他如此說：

> 吾人由心之自覺其有性理，知其有性理處看心，或自心之表現其性理，於欲生物成物之情，與對人對物之行事上看心，皆無處可容心理爲二，而性理孤懸於上以自超越於心之說。（《導論篇》，頁507～508）

因此如果朱子所謂心爲氣之靈，只是形而下的、不具有超越義的心，那麼就免不了上述的批評。但相對的，假如朱子的心並不僅僅只有形下之氣的意義，

〔註17〕拙著〈唐君毅之朱子學〉，頁42。以上之綜述，乃依據唐君毅：《中國哲學原論：導論篇》，頁508～515。

那麼以上的批評也就可以免去。其次,唐先生的第二個預設是,朱子的心爲氣之靈的說法,其實只是著眼於宇宙論上的意見,但這並不是朱子對心的全部的定位,甚至更不是核心所在,因爲在此之外,朱子其實也有超越的本心、心體之義,而這才是其理論的核心。〔註18〕因此他認爲:

> 吾人今如尅就朱子之在心性論上所有之內觀而說,則固可不說心爲氣之靈、氣之精爽,而只須說「心爲內具理而通於理,更表現之於外,以通於氣」而已足。(《原性篇》,頁401)

通觀唐先生的整體論述,便可以了解到他認爲朱子對於心的核心定位,並不在宇宙論上的心爲氣之靈,而是在純粹心性論上,以心爲貫通理氣、寂感二面的概念。關於這部分,請留待下節再詳細論說。以上的陳述,筆者主要只是爲了指出一點:唐先生並不將朱子思想中的心完全視爲是氣一邊的事物。

二、心並非只是氣

接著,我們便導入其他學者們的相關見解以展開討論。在當代,主張朱子只是以心爲經驗實然的氣,並且對這樣的說法給予嚴屬批評的,應當可以舉牟宗三和李明輝兩位先生爲代表。其中,李先生乃是承繼牟先生的觀點並加以發揮的,因此底下我們就以李先生的意見作爲主要的商討對象。李先生認爲:

> 以朱子學中的「心」屬於氣,幾乎已成爲臺灣學界之共識,筆者一向也採取這個觀點。但是研究朱子學卓然有成的陳來卻獨排眾議,主張朱子系統中的「心」並不是氣。〔註19〕

在文中,李先生提及了錢穆、牟宗三、勞思光以及劉述先等四位先生都認爲朱子所謂的心只是屬於氣,而不屬於理。他在上段引文中也附註說:「楊儒賓或許是例外。不過,他對此說雖有所保留,但並未全盤否定它。」〔註20〕顯然,李先生還是忽略了唐先生對此問題的詮釋,當然,沒有提及,也並不妨礙他所主張的實質內容,只是正好又再次證明了本文緒論所說的,無論肯定與否,唐先生的觀點並沒有受到廣大的重視。文中李先生針對陳來的說法作了反駁的批評,在此我們無須交代其中的細節,而只想論述他是如何判定朱

〔註18〕唐君毅:《中國哲學原論:原性篇》,頁640。
〔註19〕李明輝:〈朱子對「道心」、「人心」的詮釋(上)〉,頁16。
〔註20〕李明輝:〈朱子對「道心」、「人心」的詮釋(上)〉,頁21,註41。

子所說的心只是屬於氣。

李先生列舉了如下的理由：

一、在朱子理、氣二分的義理間架中，不可能存在一個居間的界域，不歸於理，必歸於氣。

二、朱子認爲心具有兩項主要特徵，即有善惡、能活動，而這也是氣之特徵。

三、朱子在《胡子知言疑義》中明白駁斥胡宏「心無死生」之說。反之，朱子認爲人之心有死生，則其屬於氣，殆無疑義。

四、對朱子而言，知覺並非人所獨有，禽獸亦有知覺，不過禽獸與人之知覺有昏明之異。再者，在人類當中，由於氣稟之不齊，其知覺亦有昏明之異。這顯示：知覺之有無與昏明係由氣所決定，故知覺屬於氣，亦無疑義。

朱子既然反對陸象山的「心即理」說，視心與理不屬於同一層，則心除了屬於氣之外，便無所歸屬了……。再者，「心」也不可能屬於理、氣，因爲這將意謂「心」自身之分裂爲二。難道朱子會以將「心」分裂爲二的方式來理解「心統性情」嗎？〔註21〕

上述觀點所涉及的層面和問題頗爲繁多，筆者嘗試依序商榷如下：就第一點而言，李先生認爲：因爲在理、氣二分而沒有中間地帶的架構下，所以朱子既然反對象山的「心即理」，那麼他所說的心也就必然只能是氣。這裡，我們首先須要對「心即理」一詞稍作說明，才比較能夠釐清其中的問題。所謂「心即理」，學者有不同的理解視角，如唐君毅、牟宗三主要都是從本體論的立場來詮釋的，也就是說，心和理是形上的合一，理先天而內在地爲心所具有，此即所謂的道德的本心；而如錢穆、杜保瑞則主要是著眼在境界論的立場來了解，換句話說，只有當人透過工夫實踐而達到合乎理義的境界時，才稱得上是心即理。〔註22〕這兩種詮釋都各自成理，這裡僅就李先生的用法而言，

〔註21〕李明輝：〈朱子對「道心」、「人心」的詮釋（上）〉，頁18～19。相同且較爲詳細之論點，已另見氏著〈朱子論惡之根源〉，收在鍾彩鈞編：《國際朱子學會議論文集》，頁567～576。下文將一併納入討論。

〔註22〕錢穆：《朱子新學案（一）》，頁52云：「心是氣之靈，……須待此心所覺全是理，滿心皆理，始是到了『心即理』境界。」，又《朱子新學案（二）》，頁622云：「象山說心即理，雖不即如慧能之說本來無物，但卻說成滿心皆理。直言境界，不及工夫，則易陷入頓悟一路。」杜保瑞：〈朱熹形上思想的創造意義

則他應該是承繼牟先生的意思的。對於牟先生的見解，筆者在他文已經有所論述，簡要地說：依照牟先生的意思，所謂「心即理」是指不須要透過後天的工夫修養，心本來就是先天內在地具有仁義等德性。相反的，假如是須要藉由工夫修養才能讓心具備原來所沒有的仁義之理，那麼這便不是本具、固具，也就不是「心即理」。〔註23〕文中筆者也試圖證明：如果依照牟先生對心即理的界定，那麼朱子同樣也是有如此的思想的，因為朱子說仁義先天內在於心而為心所具的話語，其實所在多有；至於牟先生之所以會說朱子沒有心即理的思想，則是因為以他所預設的判準而否定朱子本身原有的說法。關於這個部分，下一節我們還會有所討論。

　　順著上述的脈絡，我們再回到李先生的觀點，請看他底下的論述：

> 朱子所謂「心統性情」，其實只是意謂心依性理引發情，也就是說，心認知地以異層之性理為依據，而引發同層之情。按牟宗三先生底說法，「心之具此理而成為其德是『當具』而不是『本具』，是外在地關聯地具，而不是本質地必然地具，是認知地靜攝地具，而不是本心直貫之自發自律地具。」〔註24〕

筆者以為這裡似乎出現了一種循環論證的現象，何以如此說？牟、李兩位先生之所以說朱子沒有心即理的思想，是因為他們認為朱子所說的心並不能先天內在地具備理，而只能透過後天的學習來涵攝理；但這樣的說法又是根據他們已經先認定朱子的心只是氣之靈的認知心。換句話說，是因為先判定了朱子的心只是氣，所以才說他沒有心即理的思想，卻不是說因為他沒有心即理的思想，再由此來判定他的心只是屬於氣。況且，朱子其實也有牟先生所說的心即理的思路。其次，李先生認為在朱子的架構裡，不屬理便只是屬於氣，朱子不可能會將心分裂為同時具有理、氣的性質。這樣的說法，筆者也無法贊同，因為就朱子而言，他確實是將心定位在同時具有理、氣的位置上，而且這也不是分裂，而是心之所以能兼涵和主宰性理、情氣的重要特質。第二章已經提及，萬物都是由理、氣和合才能存在的，這已是研究朱子思想的

　　與當代爭議的解消〉，頁32云：「象山說心即理是說心要如理，如理後心即理，其實是說的主體作工夫已達境界的心即理。」

〔註23〕拙著〈對牟宗三詮釋朱子心性、工夫論的若干疑義——以唐君毅之朱子學為主要視角〉，頁21。

〔註24〕李明輝：〈朱子論惡之根源〉，頁571。文中所引牟氏之言，見《心體與性體（三）》，頁186。

共識，換句話說，萬物本身都是具有理和氣的性質，因為理、氣雖然有形上形下的區分，但在物的身上，理、氣始終不離，缺一不可。因此就宇宙論來看心作為一種存在，它當然是具有氣的性質的，但理始終在氣之中而不離；因此，進一步就本體論而言，心本就先天內具性理以作為其本體和德性。關於這樣的思路，許多學者都已經有所提及。這一部分，下節也會再加以討論。這裡，且先分別引述金春峰、杜保瑞以及楊儒賓等三位學者的看法如下：

> 大腦是思維的器官，古人認為是心。……朱熹則說是「氣之靈」、「氣之精爽」。這種「氣之靈」的心，對於陸象山、王陽明，也都是不言而喻的。這是中性的、無色的。〔註25〕

> 朱熹言存有論，故以心為氣之靈爽，且為有善有惡，而勞先生即以此說為主體不能超越地提起，只有象山的心即理才能完成，其實不然，問題是在朱熹正在談存有論，而象山正在談工夫論，一但當象山亦論於存有論問題時，亦不能無朱熹之「心者氣之靈爽」之此義。而朱熹論存有論時所說之心當然亦即是論工夫論時所說之心，此時此心即與象山所使用之能有超越圓滿義之心同義矣。〔註26〕

> 我們在上文已說明過以氣界定心，此一觀點不僅見於上文所引之朱子、湛若水、高攀龍等人才有。這是理學的一大傳統，更是王學系統的一大共識。〔註27〕

雖然上述三位學者的立足點不見得全然相同，但是單就以氣來界定心這一個問題而言，藉由他們的說法，我們便可以很清楚地看出：不論是朱子還是象山、陽明，不論是所謂的理學還是心學，都無法否定心具有氣的內涵意義。而這其實也就是，唐先生之所以並不全然否定朱子從宇宙論來說心為氣之靈的原因之一。畢竟，現實的存在是須要氣作為生物之具的，沒有氣，超越的性理便只能恆存天際。但朱子明說有理必定有氣，氣化成形後性理便在心之內作為其本體。因此，說心是氣之靈並沒有錯，只是更須要看出這樣的心，

〔註25〕金春峰：《朱熹哲學思想》，頁148。
〔註26〕杜保瑞：〈朱熹形上思想的創造意義與當代爭議的消解〉，頁33。頁32也說：「對勞先生說朱熹的心概念的只是靈爽、且會為惡、故非超越義之說者，筆者認為，當朱熹處理存有論問題時，是從宇宙論進路說心做為人身主宰之概念界定，因此說心是氣之靈爽，此說不應有錯，這是存有論的問題意識所必含之結論。至於以心為主體以作成德工夫之時，心即有超越義矣。」
〔註27〕楊儒賓：〈檢證氣學——理學史脈絡下的觀點〉，頁259。

原本就先天內在地具備性理,而且兩者並不衝突,更不是分裂。以上是對李先生所提出的第一點理由的商榷,其實也可以說是最重要的部分,因爲如果他所持的第一點並不能成立的話,其餘三點便也很難具有說服力。

接著,我們再看李先生所提出的第二個理由,他認爲:因爲朱子說心有善惡、能活動,而這兩項又都是氣的特徵,所以心只能是氣。先就心有善惡來說,其實這只是說心在表現上有善惡的意思,但卻不妨礙心可以內在具有性理以作爲其本體,因爲這兩者顯然是不同層次的問題。且看朱子如下的說法:

1. 問:「心之爲物,眾理具足。所發之善,固出於心。至所發不善,皆氣稟物欲之私,亦出於心否?」曰:「固非心之本體,然亦是出於心也。」(《語類》卷 5,頁 86)

2. 或問:「心有善惡否?」曰:「心是動底物事,自然有善惡。且如惻隱是善也,見孺子入井而無惻隱之心,便是惡矣。離著善,便是惡。然心之本體未嘗不善,又卻不可說惡全不是心。若不是心,是甚麼做出來?」(《語類》卷 5,頁 86)

3. 性無不善。心所發爲情,或有不善。說不善非是心,亦不得。卻是心之本體本無不善,其流爲不善者,情之遷於物而然也。(《語類》卷 5,頁 92)

4. 若云人有不仁,心無不仁;心有不仁,心之本體無不仁,則意方足耳。(《語類》卷 95,頁 2439)

5. 心體固本靜,然亦不能不動;其用固本善,然亦能流而入於不善。夫其動而流於不善者,固不可謂心體之本然,然亦不可不謂之心也,但其誘於物而然耳。(《文集》卷 45,〈答游誠之三〉,頁 1997)

前三條《語類》,李先生在其〈朱子論惡之根源〉一文中也曾引及,但因爲理解的基礎不同,所以詮釋出來的樣貌也不同。筆者以爲朱子這裡的話語,明顯是以性爲心的本體,也就是說心的本質是以性理爲內容的,但人必然會有活動,活動本就須要透過氣才能夠表現在現實的世界裡,心便是統攝著性理和情氣兩面而作爲人身的主宰的;只是,活動本身必定會受到內在氣質和外在事物的局限,而不一定能夠讓本然的善性全然地表現出來,但這是表現上的問題,並無礙於心原本就以性理爲本體,也不足以說明心只是氣這一層的事物。因爲人身的所作所爲,其主宰者是心,人的行爲有善有惡,乃是因爲心在表現原有的性理時,受到氣的局限而有善有惡,這是現實的人的心在表

現上的必然局限，因爲如果不是如此，那麼人人都是天生的聖賢，而也就不須要工夫修養了。其次，就心能活動來說，李先生其實是預設了牟先生判朱子的理只是不能發用的但理。〔註28〕對此，筆者以爲：牟先生之所以不承認朱子是以性理來作爲心的本體，不承認性理能夠以心體的地位來自我呈現和發用，主要是因爲他已經先將朱子的理界定爲「只存有而不活動」的但理，因此，既然朱子明確標舉「性即理」的觀點，那麼性也就必定像理一樣是不能夠活動的存有。其中，對於牟先生判定朱子的理只是靜態的不活動的理，在上一章我們已經有所商榷。再者，牟先生認爲朱子思想中的性是不能夠發用的說法，其實並不能眞正符合朱子本身的論述，因爲在朱子的文獻裡，確實有著許多直接指明性是能夠發用的話語。〔註29〕關於這一點，請留待下節再進行比較詳細的舉證和討論。這裡只須要先簡單地指出：認爲性理是不能活動、不能發用，所以凡是有活動的就只是氣，而心既然能活動，那麼也就不能是理而只能是氣，對於這樣推論，本文是難以接受的。

接著，我們再看李先生所提出的第三點理由，這個理由所根據的是朱子以下的話語：

> 「心無死生」，則幾於釋氏輪迴之說矣。天地生物，人得其秀而最靈。所謂心者，乃夫虛靈知覺之性，猶耳目之有見聞耳。在天地，則通古今而無成壞；在人物，則隨形氣而有始終。知其理一而分殊，則亦何必爲是心無死生之說，以駭學者之聽乎？（《文集》卷73，〈胡子知言疑義〉，頁3701）

這一段話，李先生認爲是證明朱子的心只是氣的「最有力的證據」，因爲「人之心既有死生，其屬於氣，殆無疑義。」〔註30〕然而筆者以爲，這似乎仍然是渾淆了宇宙論和本體論的不同層次的說法。就宇宙論而言，人稟受天地之心以爲自己的心，這個心是氣成形後，性理隨而以此爲載體並成爲其本有的性質的，但人本是氣化流行中必然會毀壞的存在，在人身上的心當然也會隨之消逝，然而這卻無礙心可以有超越義，因爲心的本體，也就是本心、性體始終是永存天際的。人雖然可以透過工夫修養而與天合德，但天、人之間永

遠存在著距離，前者是永恆長存的，後者則是生滅不已的，這是同一個心在天、人之間的必然的不同。但這樣的不同，不但不會讓朱子所說的心只成爲氣，反而讓有限的存在和超越的存有都得到合宜的解釋；同一個本心，在人身上當然會隨形氣而有始終，但在天理卻是超越的恆存，並且在透過氣化的生生不已中，又賦予到不同的個體上。筆者以爲這應該比較合乎朱子說：心「在天地，則通古今而無成壞；在人物，則隨形氣而有始終」的意旨。

　　至於李先生第四點理由所討論的，一則是依據朱子〈答余方叔〉談知覺在萬物身上的有無乃是由氣所決定，而非由理決定，因此推論說知覺屬於氣。〔註31〕二則，更主要的文獻是朱子和學生以下的問答：

> 問：「知覺是心之靈固如此，抑氣之爲邪？」曰：「不專是氣，是先有知覺之理。理未知覺，氣聚成形，理與氣合，便能知覺。譬如這燭火，是因得這脂膏，便有許多光燄。」問：「心之發處是氣否？」曰：「也只是知覺。」（《語類》卷5，頁85）

對這一段話語，李先生如此認爲：

> 所謂「理與氣合，便能知覺」，並非意謂：「知覺」同時屬於理和氣；而是意謂：「知覺」存在於氣的「心」與作爲對象的「理」之關係中。換言之，心之虛靈在於它能藉由其知覺去認識理，而這並無礙於承認「心」與其「知覺」同屬於氣。〔註32〕

朱子和學生的問答，以及李先生的詮釋，焦點都是在說明「知覺」是如何產生的？不過兩者之間似乎存在著一些差距。就李先生的意思看，知覺原本就是心的功能，但這個功能要在心去認識外在對象的理的過程中才會表現出來。換句話說，知覺這種心本有的功能，存在於心對外物的認識活動中。然而，朱子的回答似乎並不是著眼於此，甚至學生的提問也不在此。如果學生認爲心就只是氣，那麼他似乎不須要問：「知覺是心之靈固如此，抑氣之爲邪？」、「心之發處是氣否？」；因爲後一句問話，表示他不確定心是否只是氣，而前一句問話，更明顯是提問說，心的知覺究竟是心本來就如此的，還是氣讓它如此的，而這顯然不是將心和氣完全等同的意思。至於朱子的回答，更表明了心的知覺是在理、氣結合後才產生的，但這種產生並不是認識過程中的產生，而是說理、氣和合而創生了心的存在，心之所以能知覺是因爲理本

〔註31〕《文集》卷59，〈答余方叔〉，頁2912～2913。
〔註32〕李明輝：〈朱子對「道心」、「人心」的詮釋（上）〉，頁18。

身具有知覺的作用，這種作用在理、氣和合而產生心之後，便是心的功能。換句話說，沒有性理，那麼心也不會有知覺的作用。順著這樣的理解，再回頭看關於朱子〈答余方叔〉的談法。筆者以為，李先生只將知覺的有無全決定在氣的昏明，似乎不免忽視了性理才是最根本的基礎。也就是說，知覺之所以存在於人和動物而不存在於草木枯槁，除了氣的昏明與否的條件外，其實已經先肯定了性理是最根本的先決條件，理和氣兩者的同時決定，才能構成萬物有無知覺的充分條件。

以上是筆者嘗試對李先生判定朱子的心只是氣的四點理由的商榷，藉由這些討論，所以本文並無法接受李先生的主張。接下來，我們再看一段李先生所說的話，他認為：

> 上述的學者在斷定朱子學中的「心」屬於氣時，通常所根據的直接
> 文獻是《朱子語類》中所載：
>
> 心者，氣之精爽。
>
> 所覺者，心之理也；能覺者，氣之靈也。
>
> 只有性是一定，情與心與才便合著氣了。
>
> 第三句話清楚地表示：心與才、情三者同屬於氣之一邊。〔註33〕

其中所說的「上述的學者」，指的是前面已提及的錢穆、牟宗三、勞思光和劉述先等先生，而所引的《語類》這三句是卷五的紀錄（頁 85、97）。先就第三句來說，李先生一貫強調的是朱子的心只是氣，但透過我們上面的討論，心之作為心，當然須要氣的條件，但除此之外，更須要性理作為最根本的基石才行；情和才都是心的表現，並且這都須要氣作為媒介，但既然說「便合著氣了」，就顯示心雖然須要氣來表現，卻不是說心只是氣，而毋寧是心本有的性理必須透過氣的中介來呈現在現實中。至於前兩句話，紀錄得十分簡短，而這或許也是學者們之所以產生詮釋差距的原因之一。但其實，要證明朱子思想中的心，並不只是氣，單就《語類》卷五的紀錄中就能夠找到許多。這裡且舉數例如下：

1. 「心與理一，不是理在前面為一物。理便在心之中，心包蓄不住，隨事而發。」（《語類》卷 5，頁 85）

2. 心、性、理，拈著一箇，則都貫穿，惟觀其所指處輕重如何。（《語類》卷 5，頁 89）

〔註33〕李明輝：〈朱子對「道心」、「人心」的詮釋（上）〉，頁 16。

3. 性對情言，心對性情言。合如此是性，動處是情，主宰是心。大抵心與性，似一而二，似二而一，此處最當體認。(《語類》卷 5，頁 89)

4. 心之全體湛然虛明，萬理具足，無一毫私欲之間；其流行該徧，貫乎動靜，而妙用又無不在焉。故以其未發而全體者言之，則性也；以其已發而妙用者言之，則情也。然「心統性情」，只就渾淪一物之中，指其已發、未發而爲言爾；非是性是一箇地頭，心是一箇地頭，情又是一箇地頭，如此懸隔也。(《語類》卷 5，頁 94)

若照牟先生所詮釋的心即理之義，那麼第一、第四條都明顯表示性理先天即內在於心之中，因此朱子也有心即理的思想。而二、三、四條，也顯示心並不只是氣一邊的事物，它和性理始終貫穿。特別是第四條紀錄，更表明了心具有體用，心的本體就是性理，心的作用就是情氣；性理和情氣都是心所不可或缺的特質，而且，性理無疑才是更要緊的部分。關於這些，其實是唐先生對於朱子的心性論所提出的重要貢獻，下節將詳加說明。

最後，我們再看唐先生對氣之靈一詞的兩段重要論述，以作爲本節的結語。他說：

心之主宰運用，唯在：「氣既有而能使之無，或未有而使之生；或於理之表現者之偏而失正，而能矯其偏失，以復其全正」等上見之。此即同於謂：心之主宰運用，乃在對氣之有無之主宰，理之偏全之運用上見之。故「心本應爲居氣之上一層次，以承上之理，而實現之於下之氣」之一轉按開闔之樞紐。亦唯如此，然後可言心之爲主性情、統性情、或率性以生情者。此則觀朱子之言心之主宰運用，固明涵具此義。由此以言心，雖不必即引至陸王之心即理之義，然亦不必涵心只是一氣之靈之說，而見此心之固有其獨立意義在也。(《原性篇》，頁 401)

然此氣之靈之一語，可重在「氣」上，亦可重在「靈」上。重在靈上，則心即氣之靈化，亦即氣之超化，而心亦有超于氣之義。心之所以有超于氣之義者，固非以其是氣，而實因其具理以爲性。則吾人固可謂朱子之言，乃意在由氣之靈以上指，以及于心之具性，以見心之所以能超越于氣之故；而非意在說心之不過「氣」之靈也。(《原教篇》，頁 499)

這兩段話語，主要點出了一個十分要緊的關鍵所在：假如心只是氣，那它如何能主宰統攝性情、理氣？就某種角度來說，或許有人可以如此回答：那是因爲它雖然是氣，但卻是氣之中最爲靈妙的，所以才能統性情和理氣。但這樣的回答，其實還是有所不足，因爲它很可能只意味著心只是氣，而心具理只是後天的具有，心只是依著外在於它的性理來運用情氣。但這似乎又繞回了原點，因爲情氣畢竟是情氣，性理雖然必須藉由它來表現於現實世界，但性理始終才是形而上的主宰者。這其實也是筆者之所以肯定唐先生的詮釋，而無法接受牟、李二先生的主張的原因；因爲只要我們不要先預設朱子的心只是氣而沒有先天本具的性理，那麼朱子那些大量的以性理爲心先天內在本有的本體的話語，就不須要也不能夠再將它視爲是浮泛不眞切的論述。而唐先生以心本內具性理以作爲心之所以具有超越於氣的特質，這不僅合乎朱子原有的話語，而且也才眞正說明了「靈」之所以爲靈的原因所在，而不是僅僅局限於「氣」這一個字上。筆者願意再次強調，心當然有氣的內涵，但這並不妨礙它是以性理爲本體的，這是本文肯定唐先生對於氣之靈一詞的詮釋的原因。下一節，我們將順著這樣的理解脈絡來論述唐先生和相關學者的詮釋。

第三節　從純粹心性論談朱子具有虛靈明覺的本心、心體

一、貫通理氣、寂感二面的本心

在本章一開頭時，我們已經先點明，唐君毅對於朱子思想中的心，是從不同層面來詮釋的，而且筆者也認爲這樣的進路，相當值得肯定和採用。前面兩節談論了人心、道心以及心爲氣之靈的問題，這兩個議題當然有其重要性，但依據唐先生的觀點，我們必須進入到朱子以心爲貫通理、氣而兼寂、感二面的部分，才是眞正邁入了朱子心性論的核心所在。請看唐先生說：

> 朱子在宇宙論上，固以心屬于氣，氣依理而動靜，並以心爲有動有靜，有存有亡者；在工夫論上亦謂此合道之心，可由存而亡，亦可由亡而存，其存亡全繫在工夫上。然在純粹之心性論，與直接相應于其心性論之工夫論中，則又初不重依氣以言心，亦未嘗不言「超乎一般之動靜存亡之概念之上」之本心或心體。此本心或心體，乃

> 內具萬理以爲德，而能外應萬事以爲用，亦原自光明瑩淨，廣大高
> 明，而無限量者；唯由物欲氣稟之雜，然後體有不明，用有不盡。(《原
> 性篇》，頁 638～639)

這段話語，正可以用來簡括前面兩節的論述，並且也同時爲本節的討論作了導
引。上文已經提及，道心並不是未發，也不等同於本心、性體，而是透過工夫
的修養讓原有的本心、性體眞正地體現出來的境界；也就是說，工夫的有無決
定了能否表現出道心的狀態。其次，我們也說明了，朱子雖然有心爲氣之靈的
提法，但那是站在宇宙論的角度所說的觀點；尤有進者，這樣的觀點並不是什
麼缺憾和不足，反而是十分合理的見解，並且，這也不是朱子的一己之見，而
是理學、心學的共同論述。然而，相對來說，以上兩個議題都還不算是朱子心
性論的核心，其眞正的核心依然是在儒家向來所肯認的道德的本心或心體。此
所以唐先生認爲朱子有不著重在氣的層次上，而有超越義的本心的思想。所謂
「此本心或心體，乃內具萬理以爲德，而能外應萬事以爲用，亦原自光明瑩淨，
廣大高明，而無限量者」，這一點的肯認是相當關鍵的，特別是在臺灣學界以牟
宗三爲主的見解下，唐君毅的詮釋確實替我們開了另一個重要的視野。在這一
節裡，筆者將先以唐先生的詮釋，來說明朱子原本就具有道德的本心、心體的
思想，然後以此爲基礎，再嘗試對牟先生的相關說法進行可能的商榷。當然，
兩者的詮釋依然都必須回到朱子本身的話語來作評斷。

　　我們先看唐先生對朱子本心、心體思想的兩段重要說明，並略加闡述其
意蘊：

> 朱子之言心，實以心爲貫通理氣之概念。心乃一方屬於氣，而爲氣
> 之靈，而具理於其內，以爲性者。心之具理以爲性，即心之體之寂
> 然不動者。心之爲氣之靈，即心之所賴以成用，心之所以能感而遂
> 通，性之所以得見乎情者。故依朱子，心之所以爲心，要在其爲兼
> 綰合理氣。(《導論篇》，頁 501)

> 朱子對心之自身之有此一更加展開的說明，遂唯本「心體之寂」一
> 面，言其內具性理於其自身，而以心之用之感一面，言此性理之表
> 現於氣，而見於情；於是性情二者之有隱顯內外之相對者，乃全賴
> 此心兼有寂感二面，以爲之統。(《原性篇》，頁 398)

在唐先生這兩段詮釋中，心、性、情三者的關係相當地密切，雖然有區別但
卻始終相貫通，並沒有任何的斷裂之感。首先，肯定朱子所謂的心乃是一個

貫通理、氣的概念，這讓心在朱子理、氣和合的世界觀下，得到了獨特且合理的位置。一如前述，心本身具有氣的內涵，並且是氣之中最爲靈妙的，但心同時還具有超越氣這一層次的價值意義，而這就是它先天內在地具備了理以作爲它的性。此中的核心乃是，心本來就是以性理作爲本體，以情氣作爲作用的；前者是心寂然不動的本體，後者則是心感而遂通的作用。也就是說，心只是一個，但可以而且必須從兩個層面來看，心體就是性理，心用就是情氣，所以由心體到心用、由性理到情氣，是心的整體而不可分割的過程。再換句話說，就人而言，形上、超越的性理如何表現爲形下、經驗的情氣，其中的關鍵所在便是可以溝通這兩者的心，並且，心並不僅僅只是作爲一種中介角色，因爲實際上，它本身就是具有這兩個層面的內涵。唐先生有一段對伊川心、性、情概念的論述，和以上的說法正好可以相互闡明，他說：

> 性情只是一心之性情，依此性情以言理氣，初亦只是一心之理氣，
> 寂感更只是一心之寂感。此性、理、寂，是心之內層或上層；情、
> 氣、感，則是其外層與下層。其由內而外，由上而下之整個道路，
> 即名爲心之生道。（《原教篇》，頁 179～180）

這段文字雖然是對伊川思想的論述，但依唐先生書中之意，其實也可以用來闡明朱子以心爲主而統性理、情氣的思想。〔註 34〕僅就朱子的思想來說，因爲人的心在宇宙間的重要地位，主要就是它雖然存在於有限的形氣個體當中，但卻是人得以藉由這有限的形氣來實踐性理的主宰根據。而心之所以能夠如此，便是在超越的性理透過氣作爲載體而成爲人的心之後，便始終內在而成爲心的本體、本質，並且同時由心來表現爲外在的情氣。可以試想，在現實的個體中，如果沒有超越的性理作爲價值的本體，那麼情氣只是一種盲目的表現，並且終將流於爲惡的結果；但如果沒有經驗的情氣作爲本體的表現媒介，那麼性理又只能是與現實世界無關的存有。並且，依朱子有理必有氣的思路，性理、情氣並不是斷爲兩截而不貫通的東西，其中，人的心就是作爲統攝性理和情氣的關鍵，而且由性理到情氣其實只是心的整體活動過程。

然而，心何以能貫通理氣而兼寂感二面呢？對此，唐先生有如下的詮釋：

> 此心之所以能兼有寂感二面，而能統攝此性理，與其表現於氣之情
> 之二者之故，則又原自此心之虛靈不昧，以「內主乎性，外主乎情」，
> 亦爲此一身之主。蓋心之虛靈不昧即貫幽明、通有無，通無形有形

〔註34〕唐君毅：《中國哲學原論：原教篇》，頁 167。

　　二義，亦通未發之寂與已發之感二義。虛言其無形，心即以其無形
　　之虛，而寂然不動，以上通於內具之無形之理；更以其靈，以感而
　　遂通，更不滯於所感之物，而得顯其內具之生生不息之理之全，而
　　不陷於一偏；復以其不昧，使其相續感物，而有相續之明照之及於
　　物與物之理；並使此心內具之生生不息之性理，亦得相續明通於外，
　　而無始終內外之阻隔。（《原性篇》，頁 398）

這裡，唐先生以「虛靈不昧」一詞來界定朱子思想中的本心、心體的概念，
並且對這一詞作了言簡意賅的說明。在他看來，朱子所謂的心，因為具備了
「虛」的特質，所以表示它本身具有無形的性理，而這也就是寂然不動的本
體，既是心體又是性理；而又因為心具備了「靈」的特質，所以表示它能夠
將本有的性理由內而外地表現出來，而這也就是感而遂通的作用，是形上的
性理必然呈現為形下的情氣的活動過程；再者，所謂的「不昧」主要是在說
明，只要心不被氣稟物欲所障蔽，那麼因著它本身原有的虛靈特質，就能夠
在內外相感通的過程中，接續不斷地發揮性理的作用。心除了具有虛靈不昧
的意義外，唐先生又補充說：

　　虛靈不昧義，乃要在言心之為一能覺能知；主宰運用義，乃要在言心
　　之為一能行。……心之虛靈不昧，要在其具性理，以有此知；此心之
　　主宰運用，要在其能表現性理，而行此情。心始於知，終於行，以感
　　於內而發於外。即足以見此心之內外間之無阻隔。此又正原於心之虛
　　靈不昧。此即朱子之分心性情為三，各有獨立意義，而又未嘗不相依
　　為用，以成一心統性情之整體者也。（《原性篇》，頁 401～402）

在此，唐先生又加入「主宰運用」以與「虛靈不昧」相配合。而這兩者，是
在指稱心的能行與能知的兩面。其中的關鍵，依然是在因為心具有性理而能
虛靈不昧，是以由此必定具有超越於形下之氣而能加以主宰和運用的特質，
並且性理乃是一種生生不已的生理、生道，因此當心自覺其本有之性理，則
必定會要求實踐於外在以成合宜的行為舉止。對於心統性情這一個概念，朱
子是十分強調的，例如他說：

　　仁、義、禮、智，性也，體也；惻隱、羞惡、辭遜、是非，情也，
　　用也；統性情、該體用者，心也。（《文集》卷 56，〈答方賓王四〉，
　　頁 2690）

　　履之問未發之前心性之別。曰：「心有體用。未發之前是心之體，已

> 發之際乃心之用，如何指定說得！蓋主宰運用底便是心，性便是會
> 恁地做底理。性則一定在這裏，到主宰運用卻在心。情只是幾簡路
> 子，隨這路子恁地做去底，卻又是心。(《語類》卷98，頁2514)

這裡，朱子明確地將心界定爲具有體用的概念，也就是說我們必須從本體和
作用兩個層面來了解所謂的心，心體就是仁、義、禮、智等性理，而心用則
是惻隱、羞惡、辭遜、是非等情氣。與此相關的說法，在《文集》、《語類》
是一再出現的，可見這是朱子的一貫思路。然而以牟宗三爲主的意見，卻對
朱子的這些說法多所質疑，爲了說明其中可能的商榷空間，因此在下文我們
將再三地強調上述的觀點，並大量引用朱子的話語來加以釐清。

　　這裡須要先提及的是，唐先生以上的見解，無論是否是空前，但無疑並
不是絕後的。因爲與唐先生的意思相近，後來也有許多學者是如此詮釋朱子
所謂的心，例如蒙培元、陳來、張立文、金春峰、郭齊勇等等。且試舉蒙先
生和金先生的說法爲代表，〔註35〕蒙先生說：

> 從形而下說，心是氣之「精爽」，但心中所具之理，也是形而上者之
> 心，因此，心是「理氣之合」(陳淳語)。如果從形而下說，心並不
> 等於性；但從形而上說，心即是性。……在這裡，不是心以性爲體，
> 而是心體即是性。心有體用之分，故有性情之名，其體即形而上之
> 性，其用即是形而下之情。〔註36〕

金先生說：

> 「性」即道德之心、「本心」，道德理性，它與知覺靈明之心或認知
> 理性相對，是道德之根源。……「本心」、「性」，當心未感物而動時，
> 只是含之於心的「合當做」的道理，故朱熹又說「性即理」。作爲理，
> 它無形無象，超時空，是「形而上」；但它即存在於「形而下」之「氣
> 之靈」之心中。〔註37〕

〔註35〕至於陳、張、郭等人之意，分別見陳來：《朱子哲學研究》，頁185；張立文：《朱
　　　　熹評傳》，頁345；郭齊勇：〈朱熹與王夫之的性情論之比較〉，收在朱傑人編：
　　　　《邁入21世紀的朱子學》，頁33。可附帶一提的是，以上所舉五人皆大陸學者，
　　　　而其詮釋卻與唐氏相通，然臺灣學界則以牟氏之說爲主流，由此似乎亦可窺見
　　　　某種學術現象之一斑。關於此，可回顧本文緒論所引楊儒賓之論說。
〔註36〕蒙培元：《理學範疇系統》，頁208～209。相同之意又見氏著《中國心性論》
　　　　（臺北：臺灣學生書局，1990），頁361～363；《心靈超越與境界》（北京：人
　　　　民出版社，1998），頁296～297。
〔註37〕金春峰：《朱熹哲學思想》，頁8～9。相同之意又見頁19、56～59、86～87、

這兩位先生都認為朱子的確有心為氣之靈的思想，但是形而上的性原本就存
在於形而下的氣當中，並且，所謂的性其實也就是本心、心體；換句話說，
心本身就具備了體用，其體就是性，其用就是情。這樣的見解，和唐先生的
詮釋是相通的，而由此也能夠看出唐先生對朱子思想的確實有著不可抹殺的
重要貢獻。

二、心、性並非斷裂為二的「當具」

　　底下，筆者將以唐君毅上述的詮釋作為立論的視野，來嘗試對牟宗三的
一些說法提出商榷，而由此，一方面希望對於朱子的思想能有合宜的理解，
二方面也將能夠看出本文何以肯定和接受唐先生上述的詮釋。我們先引朱子
的一段話語作為下文的開端，他說：

> 然人之一身，知覺運用莫非心之所為，則心者固所以主於身，而無
> 動靜語默之間者也。然方其靜也，事物未至，思慮未萌，而一性渾
> 然，道義全具，其所謂中，是乃心之所以為體，而寂然不動者也：
> 及其動也，事物交至，思慮萌焉，則七情迭用，各有攸主，其所謂
> 和，是乃心之所以為用，感而遂通者也。然性之靜也，而不能不動：
> 情之動也，而必有節焉；是則心之所以寂然感通、周流貫徹，而體
> 用未始相離者也。（《文集》卷 32，〈答張欽夫十八〉，頁 1273）

牟先生認為這封書信代表朱子中和新說的完成，並且認為：

> 此書可名曰「〈中和新說書〉」，此大體是朱子成熟的思想，可視為定
> 論。其後來之發展悉以此新說為根據，而亦無出此新說綱領之外者。
> 〔註38〕

由此，可以想見這封書信所具有的重要性。然而，牟先生因著他所預設的判
準，對於朱子本身的話語多所質疑，即使是這一封被他如此肯定其重要性的
文獻也不例外。我們先嘗試闡述朱子這段話語的意義，以作為本文的立足點，
然後再對比牟先生的相關詮釋。首先，朱子認為心是人的主宰者，這一個特
徵可以從人身的知覺和運用上看出來；人的所有思維和行動，不論是動是靜、
是語是默，都是由心所掌控、決定的，而由此也同時能夠了解到心具有貫通
動靜的地位。其次，朱子便對心的動靜予以個別的說明。他認為當心還沒有

150～152。

〔註38〕牟宗三：《心體與性體（三）》，頁 147。

接觸外在事物時，所呈現的是靜的狀態，並且，由這樣的狀態可以體悟到心具有重要的價值意義。因爲這時的心尚未受到外界的任何影響或干擾，所以是最能夠呈現出心的本然樣貌的時刻，而在朱子看來，這心的本然樣貌就是渾然整全的道德性理。如果藉用《中庸》的詞彙，那麼可以用「中」這個字來形容心這時的樣貌，而心之所以能夠作爲寂然不動的本體，原因也就是在它是以性理爲本質的。這裡的話語，明顯地表示了朱子是將心體詮釋、視同爲性理的，而這正是所謂的道德的本心。再接著，朱子認爲當心接觸外在事物時，所表現的是動的狀態，這時心便會隨其所遇而發出喜怒哀懼愛惡欲等七情，而且，只要心體不受到昏濁的障蔽，它就能夠掌握這七情的發用的合宜。如果藉用《中庸》的詞彙，可以用「和」來形容心這時的境界，而這也是心之所以又能作爲感而遂通的作用的原因。最後，朱子補充說，性理是必然會發用的，它的發用便是人所能夠經驗到的情氣，並且這些情氣更必須得到合理的節度；而由性理表現爲情氣，同時以情氣來實踐性理，這個過程其實是心本身以體呈用、以用顯體的整體活動。

　　朱子上述的思想，在《文集》、《語類》等文獻中，所在多有，確實是可以視爲其思想的定論和綱領。但牟先生對於朱子的這些論述卻有不同的見解，底下且試舉他對朱子所謂寂然不動、感而遂通，以及心具理等與心統性情相關的說法，並再以朱子意旨相近的話語來作商榷。牟先生說：

> 然而「心之寂然感通周流貫澈體用未始相離」並不是心之本性自身即能如此。由情變之發而見之心之「寂然不動」，雖是借用《易傳》之辭語，然實非「至神」之「寂然不動」，故其自身亦並不能必然地分析地即函「感而遂通」，因此心並非孟子之本心也，乃屬于氣者也。故須通過「敬」之工夫（所謂莊敬涵養）使之收歛凝聚而合于道（靜攝于道），與道偕行，始能主宰乎情變，而使之發而中節，因而亦見其爲「感而遂通」，而性亦粲然明著矣。若非敬之工夫，則其「寂然不動」不必能函「感而遂通」也。〔註39〕

顯然，牟先生認爲在朱子的思想裡，心本身並不能具有寂然不動、感而遂通的由體呈用的功能，因爲朱子所謂的心，只是經驗實然的氣，而不是孟子所說的道德的本心。對此，牟先生曾明白地論斷說：

> 心是氣之靈之心，而非超越的道德的自發自律之本心，其本性是知

〔註39〕牟宗三：《心體與性體（三）》，頁179～180。

覺，其自身是中性的、無色的，是形而下者，是實然的，也是一個
實然之存在。〔註40〕

這是牟先生之所以會否定朱子許多話語的根本依據之一，因為在他看來，如果
朱子所謂的心只是形而下的實然的氣，那麼即使有類似孟子的本心的說法，也
只是依似彷彿、似是而非的言詞。因此，牟先生認為朱子必須透過工夫修養，
才能讓心由寂然不動表現為感而遂通，如果沒有後天的工夫，那麼心先天並不
能具有這樣的特質。關於將朱子所謂的心只視為是氣的判定，在上一節我們已
經提出了反駁，再配合前面對唐先生的見解以及朱子本身話語的闡述，因此對
於牟先生由此而來的詮釋，本文當然也就無法認同。這裡須要特別說明的是，
牟先生認為朱子的心「若非敬之工夫，則其『寂然不動』不必能函『感而遂通』
也」，如果這只是從人的實際表現上說，那麼是可以接受的，而且即使是孟子或
象山、陽明等人都必須加以接受的，否則人人都已經是聖賢而不須要工夫修養
了；但牟先生這裡對朱子的批評並不是從表現上著眼的，而是根本地否定了朱
子的心具有這樣的本質和功能。但這個批評卻是本文所不能接受的。

我們再看牟先生對朱子心具理的說法，將更能夠說明個中的問題所在，
他說：

> 後來朱子即常言「心具眾理」，或言「心之德」，如「仁是心之德愛
> 之理」是。照此等辭語所表示之「心具」義，表面觀之，好像亦是
> 「心即理」。「心之德」，「心具眾理」，尤其類似「心即理」。然朱子
> 終不能指謂地（斷定地）說「心即理」何也？是以此等辭語必須了
> 解其思想底據，通其義理底據而解之，不可為其辭語相似而誤引也。
> 「全具」、「具焉」等所表示之「心具」實只是關聯地具，而其實義
> 是渾然之性或性之體段具顯于或具存于此時或此處，而非即是「心
> 即理」之義也。故終于是心性平行而為二，而非即是一。後來更積
> 極說為「心具眾理」，實亦只是關聯地「當具」，而非分析地，必然
> 地「本具」。「心之德」更為積極，然亦只是關聯地當有此德，而非
> 分析地，必然地，仁義內在地固具此德。心通過莊敬涵養工夫，收
> 斂凝聚而合理或表現理，方始具有此理而成為其自身之德，否則即
> 不能具此理而有此德。此即非「固具」之義也。〔註41〕

〔註40〕牟宗三：《心體與性體（三）》，頁244。
〔註41〕牟宗三：《心體與性體（三）》，頁182。相同之意所在多有，如頁146、245、

關於這一段見解，筆者已經有過相當篇幅的討論，〔註42〕這裡可以再補充說明，並且列舉朱子的話語來加以反駁。從牟先生的論述中，可以看出他認爲朱子的心只能在通過實踐修養後，才能夠說具有性理，但這樣的具有只是後天的具，而不是「心即理」意義上的先天本具；換句話說，從修養境界上並不足以說心即理，因爲它只是後天認知地當具，而不是本體論意義上的本具。這樣的論斷仍舊是依據他判定朱子的心只有形下經驗的氣的意義。不過，依照我們前面的思路，那麼牟先生的預設是必須被擱置的，而且，要反駁他認爲朱子的心並沒有先天內在的性理，在文獻上是很容易找到大量的文獻作爲支持的。底下且引四段朱子的話語來略加說明：

> 「性者，道之形體」，乃〈擊壤集序〉中語。其意若曰：但謂之道，則散在萬物，而無緒之可尋；若求之於心，則其理之在是者，皆有定體，而不可易耳。理之在心，即所謂性，故邵子下文又曰：「心者，性之郭郭也。」（《文集》卷56，〈答方賓王四〉，頁2689～2690）

> 理在人心，是之謂性。性如心之田地，充此中虛，莫非是理而已。心是神明之舍，爲一身之主宰。性便是許多道理，得之於天而具於心者。發於智識念慮處，皆是情，故曰「心統性情」也。（《語類》卷98，頁2514）

這兩段都在強調心是天理得以存在於人身上的關鍵，這內在於心裡面的天理就是性，而且性理就是心的本質內涵。所謂「理之在心，即所謂性」、「理在人心，是之謂性」、「若求之於心，則其理之在是者，皆有定體，而不可易耳」、「性便是許多道理，得之於天而具於心者」，這些都已經說明了性理是先天就內在於心而成爲心不可移易的本質，實在並不是牟先生所說的後天地、認知地、關聯地、橫攝地當具。相同的意思，朱子又說：

> 所謂靜者，亦指未感時言爾，當此之時，心之所存，渾是天理，未有人欲之僞，故曰「天之性」；及其感物而動，則是非、真妄自此分矣，然非性則亦無自而發，故曰「性之欲」。（《文集》卷42，〈答胡廣仲四〉，頁1808）

> 蓋原此理之所自來，雖極微妙，然其實只是人心之中，許多合當做

374等等。

〔註42〕拙著〈對牟宗三詮釋朱子心性、工夫論的若干疑義——以唐君毅之朱子學爲主要視角〉，頁20～24。

> 底道理而已。但推其本，則見其出於人心，而非人力之所能爲，故
> 曰「天命」；雖萬事萬化皆自此中流出，而實無形象之可指，故曰「無
> 極」耳。（《文集》卷 45，〈答廖子晦十八〉，頁 2054）

牟先生說朱子的心具理是後天向外在學習、認知而得來的，但朱子在第一段
明說心在還沒有接觸外物的靜的狀態時，就已經是具有渾然整全的天理了；
而第二段更說理在人的心中原本就是天命所賦予而具有的，並不是人能夠用
後天的方式勉強從外面獲取的。以上四段話語，如果按照牟先生的預設，則
都將成爲浮泛不眞切、似是而非的論述，然而果眞如此，那麼朱子可信的話
語將所剩無幾。這是筆者所無法肯定和接受的。

　　接著，我們再看牟先生對於朱子心統性情的解釋，他認爲：

> 蓋「心統性情」，心之統攝「性」是主觀地認知地統，心之統攝「情」
> 是客觀地行爲地（激發地）統。但孟子所說之「本心」則並無此心、
> 性、情之三分，本心是實體性的、立體創造的本心，是即理即情之
> 本心；情是以理說，以心說，不是以氣說；心是以「即活動即存有」
> 之立體創造說，不是以認知之明說；理即是此本心之自發自律自定
> 方向之謂理，不是心知之明之所對。〔註43〕

對於牟先生以上的論斷，我們先簡要地論述他的立基點爲何？牟先生認爲在
朱子的思想系統裡，心、性、情是三分的架構，其中的性只是不能活動的但
理，至於心、情則都是屬於經驗實然的氣，而這樣的三分架構並不能合乎孟
子心性情合一的說法。不過筆者卻以爲，儘管朱子心、性、情三分的提法和
孟子本心、性體、實情合一的說法有所差別，但卻不必然就是背反的歧出，
相反的，或許可以將它視爲是一種有意義的擴充和補足。爲什麼這麼說？因
爲按照牟先生的意思，「情」在孟子的思想裡，是一個沒有獨立意義的虛位字，
它只是用來指稱心性的本然情況，並不是指情感之情。〔註44〕但假如是這樣
的話，那麼在孟子的思想裡，實在缺少了情感的作用這樣重要的一環，或者
退一步保守地說，至少他並沒有像朱子那般地重視情感作用對於現實個體的
影響，無論是正面的或是負面的。〔註45〕

〔註43〕牟宗三：《心體與性體（三）》，頁 378。
〔註44〕牟宗三：《心體與性體（三）》，頁 416～418。
〔註45〕上述之意已見拙著〈對牟宗三詮釋朱子心性、工夫論的若干疑義——以唐君
　　　　毅之朱子學爲主要視角〉，頁 21～22。

　　順著這樣的理解，底下我們再分別加以補充說明。首先，牟先生認爲孟子的性是即存有即活動的，而朱子的性卻是只存有而不活動的但理，他強調說：

> 在朱子，性只是理，是不能自出自發者。……依是，『性之發用』，『只發出來者是才』，諸辭語皆是儱侗不諦之辭語。嚴格言之，性不能「發用」，亦不能「發出來」。〔註46〕

牟先生之所以認爲朱子的性是不能發用的但理，我們前面已然提及，這是因爲他先判定朱子的太極之理只是不能作用的靜態存有，而性既然就是理，那麼當然也是不能發用的。關於朱子的太極之理並不是不能起作用的但理，我們在第二章已經論述，因此對牟先生據此而來的論斷，也是無法加以肯定的。並且，牟先生依著如此的判定，進而認爲當朱子說性能夠發用的話語時，其實都只是「儱侗不諦之辭語」。但這樣的說法，事實上已經根本否定了朱子本身的發言權，而很難令人接受。在前面所引的〈答張欽夫十八〉，朱子已經明說「然性之靜也，而不能不動」的話，而這樣的觀點朱子是再三強調的，且再舉三段話語如下：

> 熹按：心性體用之云，恐自上蔡謝子失之。此云「性不能不動，動則心矣」，語尤未安。凡此「心」字，皆欲作「情」字，如何？……熹詳此段，誠不必存，然「性不能不動」，此語卻安，但下句卻有未當爾。今欲存此以下，而頗改其語云：「性不能不動，動則情矣。心主性情，故聖人教人以仁，所以傳是心而妙性情之德。」（《文集》卷73，〈胡子知言疑義〉，頁3705）

> 蓋性無不該，動靜之理具焉，若專以「靜」字形容，則反偏卻「性」字矣。《記》以靜爲天性，只謂未感物之前，私欲未萌，渾是天理耳，不必以「靜」字爲性之妙也。（《文集》卷42，〈答胡廣仲四〉，頁1808）

> 「仁」字固不可以專以發用言，然卻須識得此是箇能發用底道理始得，不然，此字便無義理，訓釋不得矣。（《文集》卷47，〈答呂子約二十五〉，頁2155～2156）

第一段朱子明說性不能不動，也就是說不能不發用，其發用出來就是情；第二段明白反對將性只定位爲不能活動的靜；第三段更明白表示仁性是能發用的道

理。相同的意思，在《語類》中更是不勝枚舉，單以卷五而言，就可以至少舉出十多條由性體發為情用的紀錄。像如此眾多朱子自己一再強調的話語，如果想要強加否定，筆者不得不說在詮釋上實在缺乏合理與有力的立足點。

　　接著，關於情一概念，牟先生認為在孟子的用法裡只有「實情」的意義，指的只是本心、性體本來的真實情形，而沒有像朱子所謂的屬於氣的情感的用法。但牟先生又有如下的說法：

> 此諸德之當機呈現（必然如此之具體呈現），如果因其中有情的意義而可以說情，則亦是即心即理即性之情，此可曰本情，而不是與性分開的那個情，尤其不是其自身無色而屬於氣的那個情。本情以理言，不以氣言，即以仁體、心體、性體言而為即心即理即性之情。〔註47〕

簡要地說，牟先生認為朱子所謂的情，只是屬於中性而無超越道德意義的氣，而沒有由本心、性體所發出來的屬於理的情。這樣的說法，其實也是須要商榷的。首先，筆者以為即使是由本心、性體所發出來的情，雖然可以視為是具有道德意義的情，而並非是中性、無價值義的，但是，它依然應該劃歸在氣的層面，因為它是已經表現出來而可經驗的。因此，筆者不免要指出，牟先生這裡的論述，似乎缺乏對於氣的重視，因為筆者以為如果沒有形下的氣作為媒介，那麼形上的超越性理，永遠只能是形上而無法作用在現實世界裡。其次，如果所謂的本情是指由本心、性體所發出來的情，那麼朱子也同樣有如此的思想，並且對此也有大量的論說。這是本文上述脈絡必然的肯定。且再舉三個例子如下，朱子說：

> 蓋人生而靜，四德具焉，曰仁曰義曰禮曰智，皆根於心。而未發，所謂理也，性之德也；及其發現，則仁者惻隱，義者羞惡，禮者恭敬，智者是非，各因其體以見其本。所謂情也，性之發也，是皆人性之所以為善者也。（《文集》卷32，〈答張欽夫論仁說十二〉，頁1261～1262）

> 蓋性為體，情為用，而心則貫之，必如橫渠先生所謂「心統性情」者，其語為精密也。（《文集》卷56，〈答方賓王一〉，頁2683）

> 性是心之體，情是心之用：性是根，情是那芽子。惻隱、羞惡、辭

〔註47〕牟宗三：《心體與性體（三）》，頁270。

遜、是非皆是情。惻隱是仁之發，謂惻隱是仁，卻不得，所以說道
是仁之端也。（《語類》卷 119，頁 2867）

朱子明言心的本體就是性理，心的作用就是情氣，而所謂的情就是由心體、
性理所發出來的作用。同樣是惻隱、羞惡、辭遜、是非，牟先生認爲在孟子
說來便可以稱之爲本情，但在朱子說來則只是中性的氣。相較於牟先生的看
法，唐先生也有相關的論述，他認爲：朱子的四端之情和七情確實有所不同，
前者可以稱之爲性情，後者則可以稱之爲感情。〔註48〕只是，唐先生尊重朱
子本身所說的話語，所以肯定這兩種情在朱子的思想裡都是存在的，而牟先
生則依著他的設準否定朱子的論述，並且不免有著忽視情氣的重要性的傾
向。因著以上的討論，所以本文對於朱子的心、性、情之間的關係，是接受
唐先生的詮釋。認爲朱子所謂的心是貫通性理與情氣的概念，本心、心體就
是性理，並且它必然由體以呈現爲外在的用，也就是必然由以性理爲本質的
心體，呈現爲以情氣爲現象的心用。因此，不僅心、性兩者之間並不是平行
爲二的當具，甚至心、性、情三者也不是斷裂的，因爲性理和情氣原本就是
現實的人的心所必有的內涵。

第四節　通貫天人、性情、本末的仁說

一、通天人而貫性情的仁心

在最後這一節，我們將順著前面的思路，對朱子的〈仁說〉進行簡要地
闡述。這篇文章是朱子在中和新說確立後，對於以仁爲核心概念的重要闡述，
其中將仁界定爲「天地生物之心」、「心之德」、「愛之理」等，成爲了他日後
一貫的思路。這篇論說對朱子思想的重要性，已經是學界的共識。例如牟宗
三便曾經說：

〔註48〕唐君毅：《中國哲學原論：原性篇》，頁 406～407。蒙培元亦有相近之見，其
云：「他把喜怒哀樂等情感和惻隱、羞惡等道德情感作了比較，以前者爲一般
心理活動的情緒感受，以後者爲道德人性的表現。」且其認爲朱子乃以道德
情感爲主，見氏著《理學範疇系統》，頁 258。金春峰亦云：「在朱子思想體系
中，未發是性，是本心、心體，故朱有『本心』的概念及與此相關的『本情』
的概念。朱熹講惻隱之心，講羞惡、是非、辭遜，即是這種『本情』。」，《朱
熹哲學思想》，頁 373。關於四端與七情，當代有頗多研究，然此非本文所欲
討論之課題。筆者在此所採之立場，乃唐、蒙、金三氏之說。

〈仁說〉是成熟之作。〈仁說〉既定，〈論語說〉即廢棄。其定見皆
收于此後之《集註》中。〈論語說〉是過渡，而〈中和新說〉與〈仁
說〉則是其義理系統所由建立之綱領也。此不可以不大書而特書者。
〔註49〕

而金春峰也認為：

〈仁說〉承前啟後，發天人之蘊，對於了解朱熹心性思想及哲學思
想體系的特點，具有極其重要的意義。〔註50〕

兩位先生都一致肯定〈仁說〉的重要地位，不過，兩人所詮釋出來的實質內
容和價值評判，卻有著相當大的差異，而這當然又是關連到他們各自切入視
野的殊異。至於唐君毅的詮釋，雖然他對朱子〈仁說〉的闡述篇幅並不算多，
但肯定和稱許之意卻是十分明顯的，他如此評價說：

此即成一通貫天人、情性、本末，而使之亦枝枝相對，葉葉相當，
以言仁之思想系統：而又可以綜合昔之儒者以愛言仁，與近賢言仁
之旨於其中，其用意之精切，固亦有進於先儒者。（《原性篇》，頁
413）

此則將仁之內外上下本末之意義，皆加以展開，而又足以攝昔人之
以愛言仁，近賢之以知覺、無私而公、及與萬物一體之感，言仁之
義者矣。（《原性篇》，頁 415）

相較之下，牟先生的批評便顯得相當的嚴厲，他說：

朱子于天地之心成虛脫，于人之心，以愛之所以然之理，心所當具
之德說仁，如此說仁為生道決不足以盡孔子言仁之蘊，甚至根本不
相應。

朱子自說己意尚成理數，其辯駁明道簡直乖謬，非但不諦而已也。

暌隔如此之甚，亦可怪矣。〔註51〕

唐、牟如此兩極的評價，在我們前面的論述脈絡中，似乎已經是可以想當然
的結果，底下，我們便以上述對唐先生思路的理解為基礎，來直接論述朱子
的說法，並適時對牟先生的批評提出商榷。

朱子〈仁說〉一文的架構，可以大分為二，前半部屬於正面論說自己對

〔註49〕牟宗三：《心體與性體（三）》，頁 230。
〔註50〕金春峰：《朱熹哲學思想》，頁 77～78。
〔註51〕牟宗三：《心體與性體（三）》，頁 247、252。

仁的理解，而後半部則是針對前賢的相關說法提出批評，這裡便依此而分爲兩部分來作討論。我們先將〈仁說〉的前半部分成兩段，並且嘗試加以闡述。朱子如此說：

> 天地以生物爲心者也。而人物之生，又各得夫天地之心以爲心也。故語心之德，雖其總攝貫通，無所不備，然一言以蔽之，則曰仁而已矣。請試詳之。蓋天地之心，其德有四，曰元亨利貞，而元無不統；其運行焉，則爲春夏秋冬之序，而春生之氣，無所不通。故人之爲心，其德亦有四，曰仁義禮智，而仁無不包；其發用焉，則爲愛恭宜別之情，而惻隱之心無所不貫。故論天地之心者，則曰「乾元」、「坤元」，則四德之體用，不待悉數而足；論人心之妙者，則曰「仁，人心也」，則四德之體用，亦不待遍舉而該。（《文集》卷 67，〈仁說〉，頁 3390～3391）

這段話語，至少有四點值得注意的地方：首先，一如第二章所說明的，朱子十分重視理之作爲生生不息的創造性本身，因此開端便將天地的本質定位在生物，換句話說，所謂「天地以生物爲心者也」，指的就是天地以創生萬物爲自身的本質。其次，天、人在朱子的思想裡並不是斷裂的，這在前面談人物之性的問題時已經提及，而這裡，朱子也將心這一概念作爲貫通天、人的重要關鍵。天地之理就是生之理，也就是仁之理，這個仁在天地之理透過氣而創生萬物之後，便同時賦予在萬物的身上而成爲其心的本質。〔註 52〕再者，

〔註 52〕 筆者曾在論述朱子之所以不直接說「心即理」的話語時說：「我們可以發現，人和萬物雖然都有太極之理作爲存在的本然之性，可是唯獨只有人才具有可以自覺地將這本然之性體現出來的能力，而這個關鍵就在人有萬物所沒有的心。但也就是因爲只有人具有心，所以要說心即等同於理，那麼至少心在普遍性這一點上，缺少了和理相同的性質。」，〈對牟宗三詮釋朱子心性、工夫論的若干疑義──以唐君毅之朱子學爲主要視角〉，頁 23。此中，「人有萬物所沒有的心」、「因爲只有人具有心」兩句應加修正。因朱子明有天地萬物皆有心之語，除〈仁說〉之外，又如《語類》卷 4，頁 60 云：「天下之物，至微至細者，亦皆有心，只是有無知覺處爾。」卷 57，頁 1347 云：「人與萬物都一般者，理也；所以不同者，心也。人心虛靈，包得許多道理過，無有不通。雖間有氣稟昏底，亦可克治使之明。萬物之心，便包許多道理不過，雖其間有稟得氣稍正者，亦止有一兩路明。」而《文集・卷 58・答徐子融三》，頁 2813 亦曰：「然惟人心至靈，故能全此四德，而發爲四端，物則氣偏駁而心昏蔽，固有所不能全矣。」此爲筆者之疏忽，理當修改前說。然依朱子之言，仍可見人之心畢竟較其他萬物之心爲靈妙，而心之概念亦仍不能全等同性理所具之普遍義也。

朱子以天地之心具有元亨利貞四德，是以有春夏秋冬的運行，由此以比配人之心也同樣具有仁義禮智四德，是以必有愛恭宜別的表現；這樣的比配是否合宜，或許可以有不同的看法，〔註53〕但從中我們卻可以再次發現一個重要的觀點，那就是四德乃是人的心所天生具有的，而不是如牟先生所說的由後天認知才獲得的。最後，四德之中，由元之體與其所生發的春生之氣，以及由仁之體與其所生發的惻隱之心，更是通貫於其他三德的體用之中。何以如此說？這應該正是因為朱子重視理之為生生不息的創造性，它必須也必定發用流行，並且是可以藉由不同的形式來加以表現的，〔註54〕而由此，性理必定發揮作用也就是朱子思想所肯定的，並不是如牟先生所說的不能發用。

接著，朱子又說：

> 蓋仁之為道，乃天地生物之心，即物而在。情之未發，而此體已具：情之既發，而其用不窮。誠能體而存之，則眾善之源，百行之本，莫不在是。此孔門之教所以必使學者汲汲於求仁也。其言有曰：「克己復禮為仁」，言能克去己私，復乎天理，則此心之體無不在，而此心之用無不行也。又曰：「居處恭，執事敬，與人忠」，則亦所以存此心也。又曰：「事親孝，事兄弟，及物恕」，則亦所以行此心也。又曰：「求仁得仁」，則以讓國而逃，諫伐而餓，為能不失乎此心也。又曰「殺身成仁」，則以欲甚於生，惡甚於死，為能不害乎此心也。此心何心也？在天地，則塊然生物之心：在人，則溫然愛人利物之心，包四德而貫四端者也。（《文集》卷67，〈仁說〉，頁3391）

這一段是朱子著眼在修養實踐的方式上來談論仁心，主要的意思可以概括為以下三點：首先，朱子再次強調仁之所以為仁，就在於天地創生和遍體於萬物的特質，並且以人而言，仁就是人的心的本質。其次，也因此，心以仁為本體是在未產生情之前就已經存在的事實，而當情產生的時候，其實也就是由本體所發出的作用；但這個由本體表現為作用的過程，因為受到氣稟的限

〔註53〕劉述先曾提及朱子此種以人德配天德之說具有漢儒思想之痕跡，並對此有所評論，見氏著《朱子哲學思想的發展與完成》，頁150～151、535～539。金春峰更直指朱子此種宇宙觀乃繼承董仲舒之目的論思想，見氏著《朱熹哲學思想》，頁10～13。

〔註54〕此所以朱子後來也說：「仁者，仁之本體；禮者，仁之節文：義者，仁之斷制；智者，仁之分別。猶春夏秋冬雖不同，而同出於春，春則春之生也，夏則春之長也，秋則春之成也，冬則春之藏也。」《文集》卷58，〈答陳器之二　問《玉山講義》〉，頁2826～2827。

制，所以必須重視工夫修養以幫助性理能夠合宜地表現爲情氣，而朱子所舉的種種工夫，也都是在指出藉此以保持本心、心體的主宰和運用的功能。特別是一段「『殺身成仁』，則以欲甚於生，惡甚於死，爲能不害乎此心也」，從這裡，我們實在無法說朱子思想中的心，僅僅只是中性而無道德意義的經驗實然的氣心。最後，再次呼應前一段所說，天地之心與人之心，都是以仁爲本質，其表現就是块然生物、溫然愛人利物，而這正是仁之作爲生生不息之理在天、人之間的存在和呈現。

　　藉由以上的闡述，我們再簡略地看唐、牟二位先生的詮釋。唐先生認爲：

> 自朱子之宇宙論言，所謂天地之心，乃表現於天地之氣之依此生物之理而流行以生物上；人之心則當自人之生命之氣，依此仁之理而流行，以愛人利物上說。此中之心，乃一理氣之中介之概念，亦一統攝之概念。此文尤重在以天地之心之一名，統天地之生物之理，與此理之流行於天地之氣二者，以言其以生物爲心。又以人之心之名，統攝人之心之具此仁理爲性德，及此理之流行於吾人生命之氣而爲情，乃言其以愛人利物爲心。故此仁說之根底，仍連於其理氣之論。（《原性篇》，頁 415）

這裡，筆者只須要強調一點：在唐先生看來，無論是天地之心，還是人之心，朱子都是以統攝理、氣的角度來定位的；並且依其思路，以仁理爲本質的天地之心必然表現爲創生萬物的活動，而以仁理爲本體的人之心也必然能夠表現爲愛人利物的道德行爲。由此，是以唐先生認爲朱子所說的仁心是通天人而貫性情的概念。相較之下，牟先生則有如下的批評，他認爲：

> 衡之朱子後來的分解與抽引，其所謂「天地之心」實是虛說的心，而非實說的心。

> 在天地處，天地之心成虛脫，是虛說：在人處，心是實，未虛脫，……然雖是實而未虛脫，卻亦不是實體性的心，而只是「隨形氣而有始終」之實然的心，經驗的心，氣之靈之心，此只可說是心理學的心，而非道德的超越的本心也。〔註55〕

牟先生之所以認爲朱子所謂的天地之心只是虛說，原因依然是在他判定朱子的理只是不能活動的但理，必須像正宗儒家所謂的即存有即活動的理，才能

〔註55〕牟宗三：《心體與性體（三）》，頁 236、239。對牟氏以朱子「天地之心」只是虛說，金春峰已有反駁之批評，見氏著《朱熹哲學思想》，頁 78～85。

夠說天地之心是實說的實體性的心，而這卻是朱子所沒有的思想；至於人之心，在朱子雖然是實際存在，但卻不是超越的本心，而只是經驗的氣心。關於牟先生這兩點說法，本文並無法贊同，這在上面已多有提及，這裡可以再次強調的是，對於這篇思想可以視為成熟與定論的〈仁說〉，牟先生仍舊多所否定其言辭，而這在詮釋的合理性上是很待商榷的。

二、對前賢論仁的批評

在〈仁說〉的後半部分，朱子針對了前賢所談論的仁，提出了他的批評。底下，我們同樣分為兩段來加以闡述。朱子說：

> 或曰：「若子之言，則程子所謂愛情、仁性，不可以愛為仁者非歟？」曰：不然。程子之所訶，以愛之發而名仁者也；吾之所論，以愛之理而名仁者也。蓋所謂性情者，雖其分域之不同，然其脈絡之通，各有攸屬者，則曷嘗判然離絕而不相管哉！吾方病夫學者誦程子之言而不求其意，遂至於判然離愛而言仁，故特論此以發明其遺意，而子顧以為異乎程子之說，不亦誤哉！（《文集》卷 67，〈仁說〉，頁 3391～3392）

研究朱子思想的學者，大多都能肯定在中國思想家中，朱子是重視並擅長概念分析的佼佼者，而這裡的論述正可以作為例證之一。依朱子之意，程子所反對的是將愛等同於仁，自己所肯定的則是以愛的本根為仁，而這兩者不僅不衝突，相反的，恰恰是相輔相成的雙面說法。原因在於愛是屬於形而下的情氣層面，而仁則是屬於形而上的性理層面，這就是所謂的「分域之不同」。但這樣的不同卻又無礙於兩者的相貫相通，因為所謂的在情氣層面上的愛，其實就是在性理層面的仁所發出來的作用，這就是所謂的「脈絡之通」。因此在概念分析上，仁和愛有著形上、形下、性理、情氣的差距，所以不能等同視之；但在現實存在上，兩者卻是密切相關而不相離的。相同的意思，朱子也曾如此說：

> 熹按程子曰：「仁，性也；愛，情也。豈可便以愛為仁？」此正謂不可認情為性耳，非謂仁之性不發於愛之情，而愛之情不本於仁之性也。（《文集》卷 32，〈答張欽夫論仁說十二〉，頁 1262）

> 程子之言意蓋如此，非謂愛之與仁了無干涉也。此說前書言之已詳，今請復以兩言決之。如熹之說，則性發為情，情根於性，未有無性之情、無情之性，各為一物，而不相管攝。二說得失，此亦可見。（《文

集》卷 32，〈又論仁說十三〉，頁 1264）

這兩段話語，正明確地指出朱子不將情氣等同於性理，但性理必定發爲情氣，情氣必定是根源於性理的。而這也再一次說明，车先生以朱子說性發爲情只是「儱侗不諦之辭語」，是很難令人接受的說法。

接著，再回到〈仁說〉的最後一段論述，朱子說：

> 或曰：「程氏之徒，言仁多矣。蓋有謂愛非仁而以『萬物與我爲一』爲仁之體者矣；亦有謂愛非仁而以『心有知覺』釋仁之名者矣。今子之言若是，然則彼皆非歟？」曰：彼謂物我爲一者，可以見仁之無不愛矣，而非仁之所以爲體之眞也；彼謂心有知覺者，可以見仁之包乎智矣，〔註56〕而非仁之所以得名之實也。觀孔子答子貢博施濟眾之問，與程子所謂「覺不可以訓仁」者，則可見矣。子尚安得復以此而論仁哉？抑泛言同體者，使人含胡昏緩，而無警切之功，其弊或至於認物爲己者有之矣；專言知覺者，使人張皇迫躁，而無沉潛之味，其弊或至於認欲爲理者有之矣。一忘一助，二者蓋胥失之。而知覺之云者，於聖門所示「樂山」、「能守」之氣象，尤不相似。子尚安得以此而論仁哉？因并記其語，作仁說。（《文集》卷 67，〈仁說〉，頁 3392）

此中，朱子主要是在批評以「物我爲一」或「心有知覺」論仁的說法，關於這兩項批評我們應該先了解朱子的立足點爲何，如此才能有比較合宜的詮釋。對此，唐先生已經有相當明確地說明，他認爲二程以下對仁的談法，乃是：

> 意在示學者以識仁爲仁之方，其言仁之意義，皆只爲指示性的；非兼意在對仁加以定義界說者。（《原性篇》，頁 410）

而朱子的論說則正是重在對仁作概念定義上的界說，是以對前人的說法有所不滿。對此，唐先生認爲：

> 朱子之不契於其前諸賢之說仁，在諸賢之未扣緊仁之表現之內部的本源處說仁，其仁說則扣緊此義而說，故逕說仁者心之德、愛之理。（《原性篇》，頁 413）

總括上述兩點，依唐先生之意，朱子之所以對前賢論仁的說法有所批評和質疑，

〔註56〕「可以見仁之包乎智『矣』」，陳俊民校編之《朱子文集》原作「可以見仁之包乎智『乎』」，此處依朱傑人、嚴佐之、劉永翔所編：《朱子全書》，第 23 冊，頁 3281 校改。

主要的原因有二：一是在於朱子認爲前人對仁都是以指點的方式來談論的，而他則認爲這樣在概念上並不夠清晰，而不免有籠統的毛病，也就是說，朱子希望對仁這一概念給予定義式的界定語，而不能滿足於引導式的指點語；〔註57〕二是因爲朱子認爲談仁必須扣緊它在最原始、最根本的內在本源處來說，而不應該只從外在表現的角度來說，換言之，在他看來，以「物我爲一」或「心有知覺」來說仁，都還沒有眞正觸及到仁之所以爲仁的核心本質。

　　然而，牟先生並不著眼於此，他對朱子的批評提出了嚴正的反駁：

　　　　孔子未曾就字義訓仁（如二人偶之類），亦未嘗以概念定義方式解仁
　　　　（如心之德愛之理之類）。其所說者皆是指點語、啓發語，期人由此
　　　　悟入仁爲一道德創造之實體。……「與物同體」、「以天地萬物爲一
　　　　體」，是相應眞心仁體之實性而說者。如此說仁（見仁之體）是內容
　　　　的說法，不是外延的說法，正是說仁之質（所以爲體之眞），不是說
　　　　「仁之量」（仁之無不愛）。而朱子卻認爲此是「仁之量」，「非仁之
　　　　所以爲體之眞」，其未能順孔子之指點與啓發而悟入亦明矣，其只順
　　　　伊川之膠著與局限而未能明透並提不住亦顯然矣。〔註58〕

對於牟先生的批評，我們可以嘗試提出幾點商榷：首先，即使孔子只是以指點的方式來談論仁，但這卻絲毫不妨礙朱子可以用概念定義的方式來界定仁，並且，朱子也並不是沒有使用過指點的方式。〔註59〕其次，假如暫且承認所謂的「與物同體」，是內容地談仁之質，而不是外延地談仁之量，就此來看，朱子是將它誤解爲後者的；但是，即使朱子誤解「與物同體」是仁所表現出來的量，然而這卻又正好能夠看出朱子反對以量來定位仁之體；也就是說，在反對以量來論仁的這一點上，朱子之意與牟先生並無不同。再者，朱子也並不是全然反對「與物同體」的說法，例如他說：

　　　　若於此處認得「仁」字，即不妨與天地萬物同體；若不會得，而便
　　　　將天地萬物同體爲仁，卻轉無交涉矣。（《文集》卷 50，〈答周舜弼

〔註57〕 金春峰、杜保瑞亦皆認爲朱子對前賢論仁之批評乃著眼於概念上之分疏與定
　　　　義，分別見金氏《朱熹哲學思想》，頁 338；杜氏〈朱熹形上思想的創造意義
　　　　與當代爭議的解消〉，頁 84～85。

〔註58〕 牟宗三：《心體與性體（三）》，頁 250。

〔註59〕 例如：「仁是箇溫和柔軟底物事。」「試自看一箇物堅硬如頑石，成甚物事！
　　　　此便是不仁。」「試自看溫和柔軟時如何，此所以『孝悌爲仁之本』。若如頑
　　　　石，更下種不得。俗說『硬心腸』，可以見。硬心腸，如何可以與他說話」，《語
　　　　類》卷 6，頁 115。

五〉，頁 2315）

誠如唐先生所曾論述的，朱子以「使人含胡昏緩，而無警切之功，其弊或至於認物爲己者有之矣」來批評「與物同體」的可能缺失，其實「此自不是自聖人之以中國爲一人、天下爲一家之心境上說，而是自學者分上說。」（《原性篇》，頁 573）換句話說，就一般人而言，一開始直接以「與物同體」來談論仁，不免只是流於虛誇無實的空論。最後，朱子之所以不以「與物同體」爲仁之體，主要的原因是：

> 蓋仁只是愛之理，人皆有之，然人或不公，則於其所當愛者，反有所不愛；惟公，則視天地萬物皆爲一體，而無所不愛矣。若愛之理，則是自然本有之理，不必爲天地萬物同體而後有也。（《文集》卷 32，〈又論仁說十五〉，頁 1267）

顯然，朱子認爲身爲愛之理的仁，是本來就存在的，而不是在與物同體之後才存在的。換句話說，朱子是從本體論的角度來界定仁的本質，而不是著眼於境界論上的與物同體。單就仁的本質這個問題而言，朱子如此的切入點，是筆者所願意接受的。

接著，牟先生對朱子的批評又有如下的反駁：

> 夫以覺訓仁者，此所謂覺顯然是本明道麻木不覺、「痿痺爲不仁」而來。覺是「惻然有所覺」之覺，是不安不忍之覺，是道德眞情之覺，是寂感一如之覺，是仁心之惻然之事，而非智之事，是相當于"Feeling"，而非"Perception"之意。（當然仁心惻然不昧，是非在前自能明之）。今朱子以智之事解之，而謂「心有知覺，可以見仁之包乎智，而非仁之所以得名之實」，此則差謬太甚。以朱子之明，何至如此之乖違！不麻木而惻然有所覺正是仁體所以得名之實。今乃一見「覺」字，便向「知覺運用」之知覺處想，不知覺有道德眞情寂感一如之覺與認知的知覺運用之覺之不同，遂只准于智字言覺，不准于仁心言覺矣。此駁最爲悖理，其非甚顯，不必多言。〔註60〕

牟先生的這段批評，下筆相當地重，而由此也多少可以看出他對於儒家「覺」義的了解和堅持。依牟先生的意思，上蔡「以覺訓仁」的說法是繼承明道的思想而來的，因此他所謂的「覺」並不是指認知的作用，而是一種道德眞情

〔註60〕 牟宗三：《心體與性體（三）》，頁 251。

的惻然之覺。可以說，假如上蔡的觀點確實是發揮了明道的思想，那麼牟先生對於「覺」的詮釋是值得肯定和接受的。然而，即便是如此，對於牟先生進一步針對朱子所提出的批評，我們仍然須要予以保留。何以如此？這是因爲即使朱子誤解了上蔡的「以覺訓仁」，只將它理解成了知覺運用，但這卻恰恰好表明了朱子是反對以知覺運用來界定仁心的。這裡有一個十分重要的關鍵，因爲在牟先生的詮釋裡，朱子的心只是氣，它的作用只是心氣的認知、知覺，〔註 61〕可是這卻正好是朱子對上蔡的批評。須要特別指出的是，朱子並不是說仁心沒有認知的知覺運用，剛好相反，他認爲說心有知覺正好表示了作爲四德之統的仁心能夠包含智的作用於其內，只是，仁之所以爲仁的核心本質仍然並不是在智的知覺運用。在此，既可以看出仁心蘊涵著豐富的功能作用，又可以看出仁心的本質始終有其異於認知、知覺的獨特所在。從以上的角度來看，那麼牟先生對於朱子所作的批評，似乎並不能十分地相應，而仍然有著可以商榷的空間。〔註 62〕此外，關於朱子以「使人張皇迫躁，而無沉潛之味，其弊或至於認欲爲理者有之矣」來批評「以覺訓仁」的可能弊病，依唐先生之意，這仍然是對於一般學者所提出的，而非對修養有成的智者所說的言論。〔註 63〕

　　最後，我們再引一段唐先生的論述，以作爲結語，他說：

> 朱子言仁，實不同於其前儒者之言仁者之只爲就事指點，各舉一方面而說；若作仁之界說看，皆不免渾淪籠統之弊者。朱子於仁，乃就其前事爲公，後事爲與物同體；內爲心之知覺之性，外形於知覺物而生之情；上通於天，下貫於人；本在己之一理，末散而爲由愛恭宜別愛人利物之萬事，而加以界說。此連仁之前後、內外、上下、本末以論仁，固有其精切細密之旨，存在於其中也。（《原性篇》，頁 417）

總結地說，朱子論仁主要是直就根本處來對仁下定義，但在此同時，更以此爲核心而關連到表現仁之前的無私的公心，表現仁之後的與物同體的境界；它既能作爲心之所以知覺的性理，而又能表現爲外在的知覺的情氣；它一方

〔註 61〕牟先生書中以心氣之認知、知覺來說明朱子之心，所在多有，如《心體與性體（三）》頁 243、244、245、369、372、374、375 等皆是。

〔註 62〕上述之意另見拙著〈對牟宗三詮釋朱子心性、工夫論的若干疑義——以唐君毅之朱子學爲主要視角〉，頁 20。

〔註 63〕唐君毅：《中國哲學原論：原性篇》，頁 574。

面是天地之心，同時又是人之心；進而以自己本有的仁理，推己及人以至於萬事萬物。這是唐先生對朱子之仁的評價大不同於牟先生，而又能言之成理的陳述。〔註64〕

〔註64〕陳榮捷對唐、牟二氏之論朱子〈仁說〉亦曾有引述與評論，其亦較認同唐氏
之說，見氏著《朱學論集》，頁50～51。

第四章　唐君毅對朱子工夫論的詮釋

第一節　從重視氣稟物欲之雜來論述朱子的涵養主敬

一、主敬乃心體的自存自用

在正式討論第四章工夫論之前，筆者想先簡單地交代這一章的章節安排。在第二、第三章裡，我們已經花了相當多的篇幅討論唐君毅對朱子理氣論和心性論的詮釋，並且也藉由對當代其他學者見解的商榷，來嘗試為朱子的思想找尋一個比較合宜的可能定位。而對於朱子理氣、心性的不同詮釋，又直接地影響了對其工夫論的理解，例如以唐君毅和牟宗三為對照，便可以清楚地看出兩人對朱子思想的論說，由理氣、心性一直到工夫理論，形成了頗為鮮明的差異對比。也就是說，學者們在對朱子的理氣和心性思想進行詮釋時，其實便也往往決定了他們將如何看待或評價朱子的工夫論。而由此也可以說，假如我們已經對理氣、心性進行了解和釐清，那麼接下來的工夫論部分，相較之下便顯得比較容易掌握與說明。其次，朱子以伊川所提的「涵養須用敬，進學則在致知」作為工夫的綱領、法門，這是研究者所耳熟能詳的，而這兩句類似口訣的話語，雖然簡短，但卻可以說是朱子全部工夫思想的濃縮，並且也正是了解其工夫論的兩大要項。基於以上的兩點原因，所以筆者在這一章裡便以兩大節作為劃分，而不同於二、三章各分為四大節的方式。

上一段已提及，對於朱子理氣、心性思想的不同理解將導致對其工夫論的不同看法，例如在當代以牟宗三為主要代表的詮釋系統中，朱子的工夫論

就被視爲是無法成就眞正道德行爲的他律者。牟先生說：

> 朱子卻只轉成主觀地說爲靜涵靜攝之形態，客觀地說爲本體論的存
> 有之形態。而最大之弊病即在不能說明自發自律之道德，而只流于
> 他律之道德。〔註1〕

牟先生之所以如此評價，主要原因乃是在：他判定朱子的心只是經驗實然而沒有超越義的氣，而性雖然有超越義，但自身卻是只存有而無法發出道德作用的但理，因此工夫論便沒有自發自足的道德主體作爲內在的根源，而只能落入外在地認知和攝取道德規範。基於這樣的預設，所以他便批評朱子是他律道德者。對於牟先生這樣的判斷，在後來的學者中，李明輝可以說是最爲肯定與支持其說的研究者，〔註2〕不過，僅就筆者目前所見，反對牟先生判定朱子爲他律道德者也不乏其人，例如林安梧、金春峰、杜保瑞、楊儒賓等等。〔註3〕其中最有趣的對照是，李瑞全對於朱子的心性思想同樣也是接受了牟先生的詮釋，但他卻依然嘗試將朱子劃歸爲自律道德者。〔註4〕藉由這樣的一種現象，我們可以說，即使是根據牟先生將朱子的心詮釋爲只是氣、將性詮釋爲只是不活動的但理，但仍舊不一定就能夠將朱子歸入爲他律道德者。更爲重要的是，如果依著我們前面對朱子心性思想的理解，那麼更是無法接受牟先生的判定。對此，在唐先生的詮釋中，他也曾經明確地指出朱子並不是他律道德論者。〔註5〕從前面兩章的脈絡來看，說這是唐先生順理成章的說法，相信是能夠被肯定的，而透過本章底下的陳述，也將可以再次了解他何以有

〔註1〕 牟宗三：《心體與性體（三）》，頁242。相同之意，書中再三出現，如頁188、341、353、394、397等等。

〔註2〕 李明輝：《儒家與康德》（臺北：聯經出版公司，1990）。又見氏著〈朱子論惡之根源〉、〈朱子對「道心」、「人心」的詮釋（上）〉等文。

〔註3〕 分別見林安梧：〈知識與道德之辯證性結構——對朱子學的一些探討〉，頁160～166；金春峰：《朱熹哲學思想》，頁95～100；杜保瑞：〈書評：金春峰《朱熹哲學思想》〉，《哲學與文化》第31卷，第8期（2004年8月），頁137～138、〈朱熹形上思想的創造意義與當代爭議的解消〉，頁42～44；楊儒賓：〈「自性化」與「復性」——榮格與朱子的異時空交會〉，《法鼓人文學報》第2期（2005年12月），頁137～160、〈性命之書的轉折：理學的經典詮釋〉，《法鼓人文學報》第3期（2006年12月），頁82。

〔註4〕 李瑞全：《當代新儒學之哲學開拓》（臺北：文津出版社，1993），第十二章〈朱子道德學形態之重檢〉，頁206～225；附錄二〈敬答李明輝先生對「朱子道德學形態之重檢」之批評〉，頁234～241。此外，附錄一則收入李明輝：〈朱子的倫理學可以歸入自律倫理學嗎？〉，頁226～233。

〔註5〕 唐君毅：《中國哲學原論：原教篇》，頁219～220、323。

如此的見解。

對於朱子的涵養主敬，牟先生一向都認爲它只是空頭的、外在的小學工夫，由此所養成的只是不自覺的好習慣，而不是眞正的道德行爲。〔註6〕然而在唐先生的詮釋下，即使是所謂的小學工夫，也別有一番不同於牟先生的樣貌。唐先生如此說：

> 此小學主敬涵養之功，不同于察識以及一切格物、致知、正心、誠意之功者，在其爲先自覺的，亦爲超自覺的工夫。此乃傳統儒者所謂禮樂之教之精義所存。……朱子重此先自覺超自覺的工夫，爲一切自覺的格物、致知、窮理、正心、誠意工夫之本，乃意在：面對人之氣稟物欲之雜，而求有以磨鍊銷化之之道，而由下學以期上達。此中不能不謂有一極篤實精切而莊嚴之旨在。（《原性篇》，頁 601～602）

對朱子有以小學工夫爲主敬涵養所具備的內容，唐先生與牟先生並無衝突，但唐先生對這些小學工夫卻能有較多的肯定。從這裡，似乎可以窺探出不同詮釋體系之間的差距：唐先生在論述朱子和象山、陽明的思想時，雖然偶而不免有傾向於陸、王爲勝的現象，但這是個人所可以有的選擇，只要不依此而抹殺其他立場，也就沒有什麼太大的妨礙；再者，筆者以爲唐先生對於朱子的思想確實已經能做到先同情地了解，然後再加以評價優缺，並且，他對朱子的說法也能有著相當的肯定之意，而並非一味地否定；相較之下，牟先生是否眞的能理解朱子以小學先於大學、涵養先於察識的良苦用心，在他多所否定和貶抑的批評下，其實是頗待商榷的。關於此，下一小節談論朱子重視氣稟物欲之雜的部分時，我們將能有更深入的了解。

緊接著，我們必須提出一個重要的觀點，那就是除了小學的工夫之外，唐先生更進一步認爲朱子所謂的主敬涵養，事實上是本心、心體的自我呈現和發用。而這也是他的理解大不同於牟先生的地方之一。請看唐先生以下的論說：

> 朱子之言有此未發而昭昭自在之心體，其要義不只是純理論的講心有如此如此之一面，其意乃在由此即可開出一工夫論，以免于氣稟物欲之雜。……主敬涵養之工夫，在朱子即皆所以存得此心。由是而學聖之工夫，……即以此現有之「未有思慮，而知覺不昧，一性渾然，道義全具之心體」之自存，爲一切工夫之本。（《原性篇》，頁 590～591）

〔註6〕 牟宗三：《心體與性體（三）》，頁 185～188、210。

唐先生明確地說朱子有由本體以開工夫的進路，這裡，我們可以分爲兩點來作說明：首先，點明了心性和工夫思想兩方面是直接相關聯的，心性論用以作爲工夫論的根據，而工夫論又所以實踐心性論的主張，兩者相互配合，才能言行合一而不落空。其次，因爲心以性爲體，本心、心體就是性理，而且它必定能發揮作爲自身本質的道德作用，所以朱子的涵養主敬並不是僅僅是外部的，而更是內在的工夫。且看唐先生如此說道：

> 吾人如順朱子之心性論，以言其涵養主敬之工夫，亦可見其亦並非眞視此工夫，爲人之所外加，而亦只可視爲此心之本體之自明而自呈現，以成此涵養主敬之工夫；此中，即亦應有一心之本體與其工夫合一之意，而心之不昧其知覺，即爲心之立體之事，亦心之用行之事。（《原性篇》，頁641）

凡是做道德的修養，工夫必然須要落在心這個基礎上，因爲心是個體行爲舉止的主宰所在。相信這應該是大家都能夠接受的說法，但問題還不僅只於此，因爲在唐、牟兩位先生的脈絡下，道德是求之於內的由仁義行，還是只是求之於外的行仁義，將決定其行爲是否合乎先秦儒家所提倡的宗旨。顯然的，依牟先生的詮釋，心、性平行二分，性理便是在心之外，[註7] 而心對性理只能加以認知求取，但自身卻只是中性而無道德義的實然之氣，因此一切工夫便都只是由外所加，而不是心自身所能產生的。然而，在唐先生詮釋下的朱子思想，性理並不在心之外，因爲性理便是心體，兩者是異名同實的東西，並非截然二分，因此心不僅僅是個體行爲舉止的主宰，並且其本質便具有道德的義涵，而非只是中性的認知之心。由此，則涵養主敬雖然可以有具體的外在行爲和規範，但一則這些在外的行爲、規範都是能用以保持心體的清明的工夫，二則更重要的是，涵養主敬從來就不僅只是這些外在的小學工夫而已，在我們涵養當下的每一心念，使其主敬專一時，其實也就是心體的自我呈現、自我持守，因爲個體行爲的主宰永遠只在心這個基礎上，而心又是能自我發動道德作用的本體。

有了上述的討論，接下來，我們便引用朱子的話語，以說明唐先生的說法，實際上比牟先生的理解要來得更貼近朱子的意思。朱子說：

> 蓋心主乎一身，而無動靜語默之間，是以君子之於敬，亦無動靜語默而不用其力焉。未發之前是敬也，固已立乎存養之實，已發之際

────────────────

〔註7〕 牟宗三：《心體與性體（三）》，頁406。

是敬也，又常行乎省察之間。方其存也，思慮未萌，而知覺不昧，
是則靜中之動，復之所以見天地之心也。及其察也，事物紛糾，而
品節不差，是則動中之靜，艮之所以不獲其身、不見其人也。有以
主乎靜中之動，是以寂而未嘗不感；有以察乎動中之靜，是以感而
未嘗不寂。寂而常感，感而常寂，此心之所以周流貫徹，而無一息
之不仁也。（《文集》卷32，〈答張欽夫十八〉，頁1273～1274）

這一段論說，主要意旨是在闡發心的工夫問題，也就是前面所說的由本體以
開工夫的思路。朱子首先確立心是個體種種行爲的主宰，這是他一貫的思路，
應該是能夠確定無疑的。而這個作爲主宰的心有一個特質，那就是不偏於動
靜的任何一邊，而能貫通動靜兩種狀態。值得留意的是，在這樣簡略的描述
中，其實蘊含著比字面更爲深刻和重要的訊息。何以如此說？原來，這裡所
謂心的或動或靜，並不僅僅只是一種中性的狀態描寫，而是可以在靜的時候，
體悟到心體具備渾然整全的道德性理；在動的時候，可以體驗到心體由內而
外地呈現發動爲情氣，進而成就具體的道德行爲。〔註8〕朱子正是立基在這樣
的視角下，所以認爲以敬爲根本義的工夫，同樣也是不論或動或靜都須要有
所用力的，因此無論心是未發還是已發，敬的工夫都不能缺少，也可以說，
敬是種通貫動靜的工夫。更進一步地看，雖然心的或動或靜、已發未發都須
要用敬的工夫，但這樣的敬並非只是外來而加於心上的工夫，因爲朱子說「方
其存也，思慮未萌，而知覺不昧，是則靜中之動」、「及其察也，事物紛糾，
而品節不差，是則動中之靜」，這講得都是心體自身的存養或省察，而其實也
就是心體自身的主敬；換句話說，敬的首要義涵就是心體寂感動靜的本質，
而這也正是心之所以能在未發時虛靈而不昏昧，在已發時合宜而不差失的原
因。即使有具體的小學工夫作爲實踐的方法，但這些都是用以輔助心體的呈
現，並且，心體所本來具有的性理，原來就有一種要求靜而必動，動而必靜
的功能，並且在這樣的動靜過程中，有著自我要求合理不昏昧差失的本質，
而這也就是心體的自我主敬，如此才能說心體具有能寂而常感、感而常寂，
寂感相貫通的特質。

　　請再看朱子底下的話語：

敬字通貫動靜，但未發時則渾然是敬之體，非是知其未發，方下敬

〔註8〕　關於此，較詳細之說明已見於第三章第三節之（二）「心、性並非斷裂爲二的
　　　　『當具』」。

> 底工夫也：既發則隨事省察，而敬之用行焉，然非其體素立，則省
> 察之功，亦無自而施也。故敬義非兩截事，必有事焉而勿正、心勿
> 忘、勿助長，則此心卓然貫通動靜，敬立義行，無適而非天理之正
> 矣。(《文集》卷43，〈答林擇之二十一〉，頁1902)

在這一段文字中，朱子更是明確地以即本體而言工夫的方式來對敬加以定位。
與上一段引文相參照，這裡的敬與心的地位正好是相當的，甚至說敬指的就是
心體，應當也是能夠成立的。依此而言，那麼所謂「敬字通貫動靜」，其實也就
是心通貫動靜而無語默之間的另一種表達。也就是說，並不是等下工夫之後心
才是敬，而是心的本體原來就是渾然的敬之體，同時，這個以敬爲本質的心體，
並不是一個無法活動的東西，而是能夠由本體以發揮出作用的自我主敬者；前
者是一種以敬來定位心體的本體論話語，後者則是從本體一直通貫到工夫的思
路。〔註9〕朱子在文中，明顯地賦予了敬以體用的特質，心未發時是敬之體，
心已發時是敬之用，換句話說，敬體也就是心體，敬用也就是心用。因此對於
牟先生以下的論斷，我們只好採取質疑的態度。他認爲：

> 敬本只是一種外部的工夫義。今復進一步說：「未發時則渾然是敬之
> 體，非是知其未發，方下敬底工夫也」。此是將敬字收于心體上說。
> 但若未發時，此心寂然不動之體即是「渾然是敬之體」，不是外部所
> 加的工夫，則在朱子、亦只是這樣一說而已，其如此置定並無心體
> 上的根據。蓋其所意謂之心是平說的實然的（中性的），其未發時寂
> 然不動之體之自身不必即能是渾然之敬。〔註10〕

在上引「敬字通貫動靜」的一段文字之前，朱子在信中已先說了這樣的話：「蓋
義理，人心之固有」(《文集》，頁1902)，然而牟先生對此的詮釋卻是：

> 此亦是依附孟子而說。……朱子對於「仁義內在」並不眞能透澈。
> 其所意謂之「固有」仍是認知心的靜攝之關聯的固有。〔註11〕

簡要地說，牟先生先否定了朱子所說的「固有」是先天內在的固有，然後依

〔註9〕 上述之意另見拙著〈對牟宗三詮釋朱子心性、工夫論的若干疑義——以唐君
毅之朱子學爲主要視角〉，頁25。同頁筆者也提及：「朱子的話說得十分清楚，
不過牟先生在書中，依然站在他判定朱子的心只是實然的、中性的心，因此
即使其未發時寂然不動，卻不必然就能渾然是敬，必得要透過外部莊敬涵養
的工夫，才可以說『心氣之體渾然是敬』。對此用修改、否定文本的方式來詮
釋，筆者已經一再提及，似乎並不十分站得住腳」

〔註10〕 牟宗三：《心體與性體（三）》，頁189～190。

〔註11〕 牟宗三：《心體與性體（三）》，頁188。

此說朱子的心只是中性的實然的心氣,再進而說朱子「未發時則渾然是敬之體」的話語「只是這樣一說而已」,並沒有心體上的根據。凡此等等,都是在牟先生自己的先行預設下,將朱子的話語一一加以否定而後才能成立的說法,但如果是如此,那麼這樣透過否定朱子本身話語的論說究竟是否還算是朱子的思想,其實是很須要予以保留和商榷的。兩相比較,唐先生的觀點和牟先生的說法大相逕庭,且看唐先生如下的論說:

> 朱子所謂敬之第一義,只是此心體之常存,亦即心之自貞定于其自
> 身,以見此心體之未發渾然是敬之體而已。(《原性篇》,頁644)

> 吾人如識得朱子之言敬,乃歸在心之自存上言,則涵養之用敬,即
> 此心體之自存而自用。(《原性篇》,頁645)

這樣的詮釋,與前面所引的朱子話語是十分貼切的。朱子說敬貫動靜,在已發的省察時是敬的發用,之所以能如此說,正是因為他肯定在未發時,所呈顯的就是敬的本體狀態;這個本體始終是存在的,因此才能在面對事物的已發之際,呈現出它的作用來。而這也就是朱子之所以說「然非其體素立,則省察之功,亦無自而施也」,敬體本就是存在的,但個體受到氣稟物欲的夾雜干擾,須要隨時加以涵養,使它能發揮原有的道德作用,而涵養的發動者又不是別的,其實仍舊是那渾然是敬的本心、心體的自我存養和發用。〔註12〕

二、氣稟物欲的不可忽視

在唐君毅所詮釋的朱子工夫論裡,我們可以發現一個相當鮮明的特質和重點,那就是他特別強調:朱子在修養工夫中,對氣稟物欲所帶來的限制是十分重視的,因為不論是朱子自己所提出的工夫進路,或是質疑其他人所說的工夫主張,其中最主要的立足核心,就是因為他認為氣稟物欲的局限是不可忽略而必須加以正視的。筆者以為,在這樣的理解視角下,平凡的人類在嚮往超凡入聖的同時,或許比較能保有一份對現實個體乃是渺小而不完滿的正視,以及由此而來的謙卑胸懷。如果能理解朱子這樣的用心,那麼對於他的工夫思想應該會有較為合宜的了解。請先看唐先生如此說道:

> 今考朱子之所以對其前諸賢之說之所以致疑,與對象山之學之所以
> 反對,雖似有各方面之理由,然通此各方面之理由而觀,則不外依

〔註12〕蒙培元亦認為朱子所涵養者乃本體之心,而非僅是實然的知覺之心,其意與唐氏相近。見蒙氏《理學範疇系統》,頁394~395。

> 朱子之意，此諸賢之言工夫，皆唯在吾人心之發用上，從事察識等
> 工夫，而忽吾人之心之發用，恒不能無氣稟物欲之雜之一方面；乃
> 未知于如何對治此雜處，建立一由下學以自然上達之工夫。人之沿
> 用此功者，乃不免與氣稟物欲夾雜俱流，泥沙並下，終成狂肆，流
> 弊無窮矣。（《原性篇》，頁 571）

相近的見解，唐先生於書中是再三表示的。總的來說，唐先生認爲：朱子對於其他儒者所主張的如識仁、察識、識心等工夫的批評，往往是不夠貼切相應的，其中的確存在著許多的誤解，因此如果就這些工夫的本義來看，他的批評經常是站在偏離的立足點而無法成立的。然而值得留意的是，朱子的批評卻也不是無的放矢，因爲當時的一些學者也確實有不能善用這些工夫的情形，甚至只是假藉這些工夫作爲口號或名義，以致於使本來用意良善的進路反而成了個人私欲的管道。就此而言，則朱子的批評又未嘗沒有他的獨到之處。〔註 13〕在這裡，我們想要補充說明的是，要討論朱子對於他人工夫論的批評這樣的一種問題，當然可以分成不同的層面來作論述，例如：他人工夫論的原意爲何？朱子的批評是否相應或合理？專就朱子的批評來看其本身是否具有合理性或價值？第一個問題並不是本文所能討論的部分，但依照唐先生對第二個問題的詮釋，那麼朱子在對他人的批評上是有所不足和偏差的。不過，基於本文的課題，我們倒是比較希望對朱子批評的本身，窺探出其中的價值所在，而這也正是唐先生的詮釋中，特別值得標舉的地方。

朱子的思想曾經經歷過所謂的從中和舊說到中和新說的轉變，在這個過程中，先涵養、後察識的觀點，可以說是朱子這一時期所確立的重要主張之一。不過這樣的觀點，因著不同思想體系的差異，所以在朱子當時便與其他學者有所論辯，而即使到了現在，朱子這一觀點依然是學者們爭議的問題之一。我們或許並不能徹底地解決這樣的爭議，也或許所謂的解決根本是不可能的，但是對於朱子這一主張的用心，卻仍然是很值得探究的議題。底下先以唐先生的一段話語作爲引子，然後再展開討論。他認爲：

> 按朱子對于學聖工夫之一問題，平生用力至爲艱苦，實嘗歷經曲折，
> 乃有其定論。……乃于凡只就心之發用處下工夫之言，皆以爲有弊。
> 其悔後之所悟，則在識得吾人之原有一「未發而知覺不昧」之心體，

〔註13〕唐君毅：《中國哲學原論：原性篇》，頁 611～613。又，上述之意已見拙著〈唐
君毅之朱子學〉，頁 47。

　　而以在此處之涵養主敬爲根本工夫，以存此心體，而免于氣稟物欲
　　之雜，使「吾心湛然，而天理粲然」；更濟之以格物窮理致知之功，
　　而以此所知之理，爲一切省察正心誠意之工夫準則；乃還契合于伊
　　川涵養須用敬、進學在致知二者，爲「體用本末，無不該備」之說。
　　此涵養主敬，在朱子又初爲致知之本，應屬第一義，致知以窮理屬
　　第二義，而其前諸儒所謂察識之功，在朱子，乃應位居第三矣。觀
　　朱子所言之涵養主敬與窮理致知之工夫，其精切之義之所存，亦初
　　純在對治此氣稟物欲之雜。（《原性篇》，頁 571）

開端的一小段話，充分肯定朱子爲學的用心，而這樣的形象在朱子致力於中
和新說的相關論述裡，是相當鮮明的。由此，筆者想提及一點，如果我們承
認儒家的道德之學是須要實有諸己、切身力行的話，那麼在這一點上，朱子
是絕對不會遜於任何宋明儒者的。其實，凡是讀過《論語》、《孟子》、《中庸》、
《大學》的學者，要明白所謂的仁義內在、道德本心等概念，並加以口頭上
的談論，都不是太困難的事情。所以要說將這四部書集結成經典並加以注解
的朱子，不明白這些儒家的通義，似乎是難以想像的事。當然，筆者並非以
爲朱子的詮釋是全然正確無誤而不可斟酌的，但在大方向的義理上，朱子的
確並沒有走到什麼歧途。

　　在此，權且舉一個例子來作爲說明。朱子在注解《大學》「明明德」時說：
　　明，明之也。明德者，人之所得乎天，而虛靈不昧，以具眾理而應
　　萬事者也。但爲氣稟所拘，人欲所蔽，則有時而昏；然其本體之明，
　　則有未嘗息者。故學者當因其所發而遂明之，以復其初也。（《四書
　　章句集注‧大學章句》，頁 3）

對於這一段文字，我們先看牟先生是如何詮釋的，他認爲：
　　是故依朱子之說統，其在《大學》中關于明德所作之注語實當修改
　　如下：「明德」者，人之所得乎天「而可以由虛靈不昧之心知之明以
　　認知地管攝之」之光明正大之性理之謂也。如此修改，不以「虛靈
　　不昧」爲首出之主詞，省得搖轉不定，而亦與朱子之思想一貫。若
　　如原注語，則很容易令人誤會爲承孟子而來之陸王之講法。〔註14〕

簡要地說，牟先生認爲朱子所謂的明德，指的是性理，而不是也不能是指心。
何以如此？因爲他已經先認定朱子的心是沒有先天內在道德的中性的心，而既

〔註14〕牟宗三：《心體與性體（三）》，頁 374。

然說這具有道德義的明德是「人之所得乎天」的，那麼就只能是性理，而不能是心。對於牟先生的修改，筆者不得不加以反駁，無論是從文字脈絡上來說，還是從整體思想上來說，都是很難成立的。從文脈上說，朱子對明德一詞下定義的文字，主詞始終都是一致的，指的都是本心、心體。本心、心體是人一生下來就從天那裡得來的，它的特質是虛靈不昧，而能具備眾理以及應對萬事。這裡，如果硬要將明德說為性理，然後再另外加上一個認知它的中性的心，單在文脈上就很難說得通。而從思想上說，牟先生一貫認為朱子的性理並不能發用，但在注語裡，朱子又明明說「學者當因其所發而遂明之」，然則，牟先生又得要再將這句話修改或否定，否則便須要放棄他認為朱子的性理是不能發用的說法。其實，朱子的本心、心體，也就是性理，所指的都是那作為終極價值根源的道德本體，這是本文的一貫思路。筆者的說法並沒有矛盾，因為朱子的心有體和用的分別，心體就是性理，具有道德的義涵，而不單單只是中性的認知心，並且，它原本就是能夠發揮道德作用的，而不是不能發用的存有。再回到唐先生和朱子的話語上來看，我們便能夠發現：上述唐先生的話語，雖然不是專門針對朱子的明德所作的解釋，但兩者的說法卻若合符節。唐先生說朱子的工夫思想是「在識得吾人之原有一『未發而知覺不昧』之心體，而以在此處之涵養主敬為根本工夫，以存此心體，而免于氣稟物欲之雜，使『吾心湛然，而天理粲然』」，這正好可以視為朱子論述明德一段文字的注腳。明德是人所天生本有的心體、性理，朱子是絲毫不加遲疑的，但他的獨到之處便是人天生同時也有氣稟物欲的限制，而這樣的限制是絕對不可以忽視的，因此他說「但為氣稟所拘，人欲所蔽，則有時而昏」；心體、性理天生本有，但在隨時隨地的任一情形下，都有可能被遮蔽而昏昧，甚至也可以說眾人昏昧的時日遠多於清醒的時候，這是現實平凡的人的真實寫照，筆者深以為然。不過，朱子又緊跟著說「然其本體之明，則有未嘗息者。故學者當因其所發而遂明之，以復其初也」，明顯可見，朱子從來就不曾捨棄過價值本體的存在，不僅不捨棄，而且肯定本體的道德作用是始終存在的，只是我們必須下工夫去消解氣稟物欲的限制，以讓本體能真正地呈現和發揮作用。

接著，唐先生提及朱子的工夫乃是以涵養主敬為先，以格物致知為次，察識則位居第三；而朱子之所以如此安排，其主要的用意，乃是為了對治人所無可避免的氣稟物欲的夾雜。〔註15〕關於此，筆者同樣想藉由牟先生的論

〔註15〕相同之意，又見唐君毅：《中國哲學原論：原性篇》，頁 603～604。

說談起，然後再引用朱子的話語來作說明。牟先生所強調的「逆覺體證」一詞，現在已經是研究儒學的人所嫻熟的辭彙，〔註16〕而他認為道德的實踐進路必定得由此下手，更是其著作中的一貫主張。〔註17〕由此，在涵養與察識的工夫的先後上，他認為：

> 若于此透澈而能信得及，則「先察識後涵養」，「先識仁之體」，乃工夫之切要者而必然者。

> 夫察良心之發見以使本心呈露，本是道德實踐之本質的關鍵，此是相應道德之本性而開工夫、而毫無歧出者。

> 「先識端倪而後加涵養」，此是自覺地作道德實踐之事，教育程序並不足以取而代之。〔註18〕

對於牟先生這樣的觀點，筆者曾有過討論和批評：

> 依牟先生之意，他認為「逆覺體證」才是實踐真正道德行為的正途，至於其他的工夫頂多只是助緣，但卻不是本質的、直接的相關。然而筆者卻以為，「逆覺體證」也只是成就真正道德的其中一種工夫進路而已，並不是唯一的。這並不是說我們不走「逆覺體證」的進路，就不肯定人有道德的本心、性體，而是說，在肯定人有道德本心、性體的前提下，我們依然可以不以「逆覺體證」為首要甚至是唯一的工夫。之所以如此，是因為筆者十分認同朱子對於氣稟物欲的重視，而這樣的重視是相當重要而切實的。依朱子的思想，天地萬物都是理、氣的和合，相對於其他萬物來說，雖然人的本心、性體是可以自覺地發用呈現的，但是這依舊必然會受到氣稟物欲的雜染。換句話說，要想保證不以私欲之心代替天理本心，我們必須重視氣稟物欲的不可避免；因為人的每一個起心動念，原本都是無可避免地會受到氣稟的限制，或者我們積極一點說，道德本心、性體都是必須藉由氣稟來表現的。也因此，朱子在肯定性為心體的同時，又以涵養主敬來消解或調節氣稟物欲的干擾或作用，就現實個體而言，筆者認為這樣的進路可以說是相當切實而合理的。〔註19〕

〔註16〕對此一詞之義涵，牟氏曾有頗詳細之說明，見氏著《心體與性體（三）》，頁338。
〔註17〕牟宗三：《心體與性體（三）》，例如頁322、341、364。
〔註18〕分別見牟宗三：《心體與性體（三）》，頁83、127、186。
〔註19〕拙著〈對牟宗三詮釋朱子心性、工夫論的若干疑義——以唐君毅之朱子學為

在此，筆者想要補充一些說明。在前面所引的牟先生的話語，明顯可見他是
主張要先察識，而後才能涵養的。而筆者在文中，之所以認爲逆覺體證並不
是唯一的道德進路，正是著眼在牟先生上述的話語，而認爲他所謂的逆覺體
證指的只是察識的工夫。然而，他又有以下的說法：

> 至若反過來，以平素莊敬涵養此本心而不令放失爲本，（此本是平素
> 養之有素之意，非本質的關鍵義），而復于動時察吾喜怒哀樂之發是
> 依據本心（合乎天理）而發耶？抑是情感衝動而發耶？此亦是造次
> 顛沛不放逸之警覺，如此言後察識亦無不可。此是言由涵養至察識，
> 此種先後亦不成爭論。故無論先察識（重立本）後涵養，或先涵養
> 後察識，皆無不可，此只是一體工夫之循環無間，不能有爭論發生
> 也。惟于本心、中體、性體，乃至天命流行之體無相應之了解，因
> 而影響己敵雙方對于心性之實有不同之了解，朱子始覺先察識後涵
> 養爲非是，而必爭先涵養後察識以爲本領工夫。是則爭論之關鍵不
> 在涵養察識之本身，而在于涵養察識所施之心性之實有不同之理解
> 也。〔註20〕

無論牟先生此處的說法，是否與之前的引文產生矛盾、衝突，但顯然的，這
裡又拉回到了他認爲朱子沒有道德本心的先行理解。牟先生的著眼點不是別
的，只在於無論涵養或察識，只要有本心作爲本體，那麼都可以是逆覺體證
的工夫，因此他才能說「致察是察本心之發見，而操存涵養是存養本心不令
放失」，〔註21〕也就是說，逆覺體證並不是只有察識的工夫才能算，而是應該
如他所曾經說的「道德實踐之本質的關鍵唯在如何使中體呈現以致達道之
和」。〔註22〕簡言之，所謂的逆覺體證指的是道德主體的自我呈現。〔註23〕只
是在他看來，朱子因爲沒有超越的道德本心，所以所謂的涵養只是空頭無根
的。了解了牟先生這樣的觀點，再依著我們前面的思路而解消其預設，那麼

主要視角〉，頁 25。

〔註20〕牟宗三：《心體與性體（三）》，頁 135。

〔註21〕牟宗三：《心體與性體（三）》，頁 134。

〔註22〕牟宗三：《心體與性體（三）》，頁 83。

〔註23〕此所以杜保瑞將牟氏所謂「逆覺體證」，以「本體工夫」一詞稱之；或者說，
將之歸爲本體工夫之範圍內。如其云：「牟先生是以辯證於西方形上學的普遍
原理的依實踐而證立的問題爲儒學根本問題，如此即只會關注主體在自證自
覺時的實踐及至圓滿狀態一事而已，此即本體工夫論的論旨，亦即說爲逆覺
體證的工夫模式。」〈朱熹形上思想的創造意義與當代爭議的解消〉，頁 42。

朱子以道德本心為根據而來的主敬涵養，仍然是道德主體的自存自用，而可以作為道德實踐的首要工夫。

　　而且實際上，即便是牟先生所謂「察本心之發見」這一類的逆覺體證，朱子也有類似的話語，例如他說：

> 蓋嘗竊謂，今之人知求雞犬，而不知求其放心，固為大惑。然苟知其放而欲求之，則即此知求處，一念悚然，是亦不待別求入處，而此心體用之全，已在是矣。由是而持敬以存其體，窮理以致其用，則其日增月益，自將有欲罷而不能者。(《文集》卷 59，〈答吳斗南一〉，頁 2887～2888)

朱子這裡的說法絕不是單獨的孤例，相同的意思，在《文集》和《語類》中所在多有。朱子對於孟子所謂求放心不但了解，甚至還認為「人心纔覺時便在。孟子說『求放心』，『求』字早是遲了」(《語類》卷 59，頁 1407)一念悚然、才覺便在，可見，要理解道德的實踐須要人的一念自覺，這對朱子來說是無須置疑的，不僅無須置疑，而且朱子認為這並非是什麼困難的事。〔註24〕那麼，為什麼朱子還是主張要先涵養，然後再察識呢？這至少可以從兩個相關的面向來作說明，請看朱子底下的現身說法：

> 古人只從幼子常視無誑以上，灑掃、應對、進退之間，便是做涵養底工夫了，此豈待先識端倪而後加涵養哉？但從此涵養中，漸漸體出這端倪來，則一一便為己物，又只如平常地涵養將去，自然純熟。今曰「即日所學，便當察此端倪，而加涵養之功」，似非古人為學之序也。(《文集》卷 43，〈答林擇之二十一〉，頁 1901)

這一段所著眼的是為學的次序，而且是從人由幼小到成人的生命歷程來談論的。就生命的成長來說，對於蒙昧的幼童，與其先要求他必須能時時察識自己的起心動念，倒不如教導他在日常生活中，身體力行地去實踐小學的工夫。何以如以說？因為天生道德意識便很強，而氣質昏蔽又很少的幼童，實在是萬中無一的。就此而言，朱子的主張並沒有什麼錯誤。但值得注意的是，朱子又接

〔註24〕且再舉兩條《語類》，卷 9，頁 151：「《孟子》云：『操則存，舍則亡。』人才一把捉，心便在這裏。孟子云：『求放心』，已是說得緩了。心不待求，只警省處便見。『我欲仁，斯仁至矣。』『為仁由己，而由人乎哉？』其快如此。蓋人能知其心不在，則其心已了，更不待尋。」、卷 59，頁 1407：「即求者便是賢心也。知求，則心在矣。今以已在之心復求心，即是有兩心矣。雖曰譬之雞犬，雞犬卻須尋求乃得：此心不待宛轉尋求，即覺其失，覺處即心，何更求為？」

著說，從這樣的涵養工夫中，一樣可以慢慢地體現出端倪，所謂的端倪，主要指的是由人所固有的仁義禮智所呈現出的四端，因爲當我們藉由涵養而體現出來時，這些端倪「一一便爲己物」；這所強調的是，端倪雖然原本就具有，但常常是在潛存的狀態，以致於不容易爲人眞實體悟到，然而一旦體現出來時，便會了解這些其實是自身原本就擁有的東西。不過，體現出來後並不是就此成爲永恆不間斷的狀態，因爲人的氣稟物欲隨時隨地會湧現出來，將這些端倪吞沒。因此，人便須要持續不斷地涵養下去，而越下如此的工夫，四端的道德作用便越容易呈現，而氣稟物欲的限制便越容易克服。換句話說，透過涵養的工夫，個體的境界將如日升月恆般趨向圓滿，這正是朱子所謂的「自然純熟」。

　　除了上述的說法，朱子還有另一個面向：

> 大抵心體通有無、該動靜，故工夫亦通有無、該動靜，方無透漏。若必待其發而後察，察而後存，則工夫之所不至多矣。惟涵養於未發之前，則其發處自然中節者多，不中節者少，體察之際，亦甚明審，易爲著力，與異時無本可據之說大不同矣。(《文集》卷43，〈答林擇之二十二〉，頁1903)

> 心固不可不識，然靜而有以存之，動而有以察之，則其體用亦昭然矣。近世之言識心者，則異於是，蓋其靜也，初無持養之功：其動也，又無體驗之實。但於流行發見之處，認得傾刻間正當底意思，便以爲本心之妙不過如是，擘夯作弄，做天來大事看。不知此只是心之一用耳，此事一過，此用便息，豈有只據此傾刻間意思，便能使天下事事物物，無不各得其當之理耶？(《文集》卷56，〈答方賓王四〉，頁2690)

這裡的立足點，和上一小節相同，主要是在由本體談工夫的進路。因爲心體通貫動靜，當它已發時固然須要有察識的工夫，但是在未發的時候便須要有涵養的工夫。並且，問題不在人是否有本心、心體，因爲這是朱子的基本預設，就現實的個體而言，眞正的問題是在如何將這本有的心體表現、實踐出來。前面說朱子也同樣有類似牟先生所謂的逆覺體證，但是請別忽略了人同時所必然具有的氣稟物欲的限制，雖然一念之間有所自覺，無須別處尋求，心便已經在這裡。但請試想兩種情況：一則，平日隨時隨地的自我涵養，此時的主敬專一者是什麼，並不是別的，其實就是心體自覺的主敬。二則，當應事接物時，心會有所感應，並進而發出作用，但當個體自認爲是依良心來

行事時，卻必須接受兩種考驗，一是所發者究竟是天理良心，還是其實只是私心物欲？二是所發者即使是天理良心，但是否就能眞的合宜中節？放眼望去，世間絕大多數都只是平凡的眾生，誤以私心物欲爲天理良心的現象比比皆是，而儘管行事作爲的動機是全然的良善，但愛之適足以害之的情形也往往無可避免，這也正是朱子之所以會以涵養主敬與格物致知爲工夫宗旨的原因所在。朱子並非不相信人有道德的本心，但是他更重視和明白天生氣質清明、物欲寡少的人是少之又少的；當個體氣質昏濁、物欲薰心，其所謂的察識本心，多半只是自以爲是的我執，因此，與其期望眾人在一念自覺間幡然悔悟，倒不如以涵養的工夫漸漸減少氣稟物欲的束縛。〔註 25〕其實，工夫之所以爲工夫便是在其能讓一般人能循序漸進的特質上，境界是經由工夫而逐漸達到的，更是藉著工夫才能繼續維持的；有道德的本心，卻不就是有道德的境界，必得有工夫加以修養與持守才行。正如在朱子看來，察識的工夫雖然不可少，但只得一偏，而涵養的工夫一則能夠幫助心體消解氣稟物欲的干擾，進而眞正地呈現，二則又能使心體常常保持在敬的境界中，而非一發即過，無論所發所察識者究竟是否爲本心。

最後，我們再以唐先生的話語作爲本節的收尾，他說：

> 至於由此朱子即物窮理以致知工夫進一步，則爲本此性理已呈顯于心知之前者爲標準，以反省吾人之意念，而定其是非，而有誠意之工夫。而與此格物致知誠意之工夫相輔，以更爲其本者，則爲直在此心此身上用之主敬或持敬工夫。此工夫要在凝聚身心，使一切不合理之意念不得發，亦在自積極的存養此心之虛靈明覺，使超越的內在之性理，得其自然呈顯昭露之門，而格物致知誠意之事，亦易于得力。（《原教篇》，頁 286～287）

此中，所謂的誠意相當於察識的工夫，而人之所以能夠完成察識、誠意等已發的工夫，乃是根據由格物致知所呈現出的內在性理作爲衡量的標準，而主敬則又是完成察識誠意、格物致知的根本。因爲它在消極方面能夠讓不合理的物欲私心不隨意發出，在積極方面更能夠讓心體本有的性理自然而然地呈

〔註 25〕對涵養、察識之工夫，戴君仁亦曾云：「必然要兩者互需，我們難說孰重孰輕。不過在用功的先後上，應該是涵養居先，一則悟由養來，二則涵養可以斷伏習氣。……由此看來，朱子之所以由先察識而轉變到先涵養，確是有重大意義的。」，〈涵養與察識〉，《戴靜山先生全集》，頁 820。

現出來，而由這兩面的功效，讓已發的格物致知、察識誠意等工夫又可以更容易。這裡須要順帶提及的是，並不是得完全將涵養主敬做到圓滿的境界後才能做其他的工夫，〔註 26〕而是在以主敬的工夫涵養心體來作爲根本的同時，遇物便去格物致知，遇事便去察識誠意，這也就是朱子一直強調的心體通貫動靜，而工夫也當是如此。此所以朱子說：「『敬』之一字，萬善根本，涵養省察，格物致知，種種功夫，皆從此出，方有據依。」（《文集》卷50，〈答潘恭叔八〉，頁 2290）

第二節　朱子的格物致知是即求諸外以明諸內的進路

一、即求諸外以明諸內的合內外之道

　　在朱子的工夫論中，格物致知是與涵養主敬並列的另一個大支柱，其重要性於此已可見一斑。先總的來說，對於朱子的格物致知，無論學者的細部詮釋爲何，大致可以歸結爲兩種立場，那就是由格物致知所窮、所得之理，究竟是內在還只是外在。而在內或只是在外，則又決定了朱子的工夫論被視爲是自律還是他律。在這個問題上，唐君毅和牟宗三便有著近乎兩極的詮釋。牟先生認爲：

> 即就道德之事以窮之，其所窮至之理平置而爲外在的理道，納于心
> 知之明與此外在理道之攝取關係中，其道德力量亦減殺。是以其泛
> 認知主義之格物論終于使道德成爲他律道德也。〔註 27〕

在牟先生看來，朱子透過格物所窮的理只是外在的理，而所得的理同樣也只是外在的，這是因爲心是中性的心，雖然它能認知在其之外的理，並以理作爲行動的準則，但心和理之間永遠是斷裂的兩截。由此，因爲理在心之外，所以即使心能藉由認知的作用來攝取理，但依然只是他律而不是本體自我做主的道德。對於牟先生的觀點，本文是無法予以肯定的，對此，前面已有所陳述，而藉由本節討論唐先生以及朱子的說法，也將可以明白個中的理由所在。

〔註 26〕此所以朱子亦曾言：「大抵未發已發，只是一項工夫，未發固要存養，已發亦
　　　　要審察。遇事時時復提起，不可自息，生放過底心。無時不存養，無事不省
　　　　察。」《語類》卷 62，頁 1511；「已發未發，不必大泥。只是既涵養，又省察，
　　　　無時不涵養省察。」《語類》卷 62，頁 1514。
〔註 27〕牟宗三：《心體與性體（三）》，頁 394。

　　我們先引述唐先生的一段重要長文，以作爲下文討論朱子言說的序曲，他認爲：

> 由朱子之格物致知，乃即求諸外而明諸内之事，故陸王一派以朱子之格物窮理，若視理爲外，即不免于誤解。在朱子之言心之性理處，更處處言此中直下萬理具足，此乃人之所得于天而具于心者。故時以「一性渾然，而道義全具、萬理燦然」爲說。此性理之原超越地内在于心，以爲心之本體之義，朱子與陸王未有異。其與陸王之分別，唯在朱子于心之虛靈知覺，與其中之性理之内容，必分別說。故心之虛靈知覺本身，不即是性理。由是而人亦不能只反省其心之發用之處，即以爲足以見性理之全。此心之接事物，而更求知其理，即所以昭顯此性理。此心之「似由内而往外，以求理于外，而攝取之于内」之格物窮理之事，即所以去其「形氣之梏、聞見之滯」，以使此心所得于天之「超越地内在于心之性理」，由上而下，由内而出，以昭顯于心之前，而爲吾人之心所自明之事。此中專自此性理之由上而下，由内而出，以昭顯于心之前處看，其與陸王之言性理即心之體，由心之發用中見者，正無殊異。故陸王一派之學者，謂朱子之格物窮理，純爲視理爲外，求理于外，而後更攝取之于内，朱子蓋決不受也。（《原教篇》，頁 273～274）

首先，文字的一開端，唐先生便點明了他的用心所在：解除陸王學派認爲朱子是將理視爲外在的誤解。何以如此說？因爲在他看來，朱子所謂的性理，並不是與心相隔絕的外在事物，而是先天就内在於心，並同時作爲心的本體，也就是說，性理就是心體，兩者並不是斷爲兩截的存在。這個觀點是本文一貫的思路。其次，他認爲朱子對心的虛靈知覺以及在心中的性理兩者，是有所區分的。這個說法也是合理的，但須要特別稍作說明，以免造成不必要的誤解。虛靈知覺和性理的確有所不同，其不同在前者指謂的是心所具有的功能，後者指謂的是心的本體的本質内涵；但兩者並非不相容的對立物，相反的，心正是因爲以性理爲本體，所以才能具有虛靈知覺的功能。〔註28〕但是，當心的虛靈知覺發用時，卻不能保證所發出來的一定是純然的性理，甚至直截了當地說，發出來的常常只是人欲私心；而即使是良善的動機，但如果不

〔註28〕關於此，較詳細之說明已見於第三章第三節之（一）「貫通理氣、寂感二面的本心」。

合時宜，依然無法成就善行。因此，我們便不能只憑借心的發用處，否則發而不中節的情形往往是屢見不鮮的。再次，之所以如此，正因爲人同時有著氣稟物欲和知識聞見的局限。而在朱子的工夫論裡，除了須要有涵養主敬之外，同時還須要有格物致知來消解障蔽以幫助心體呈現。而格物窮理雖然是求了解事事物物之理，但其實是讓原本就內具於心的性理能夠彰顯出來，唐先生說「超越地內在于心之性理」在格物窮理後，能「昭顯于心之前，而爲吾人之心所自明之事」，這正好可以作爲朱子所謂致知的注腳，因爲所得致的知並不只是外在的聞見知識，主要的根本意義還是在能充分發揮心體本有的良知。〔註29〕最後，順著上述的脈絡，所以對朱子的格物致知，唐先生便以「即求諸外而明諸內」來予以定位。這個定位，筆者以爲是相當合理與準確的。總結地說，格物雖然須要透過外在的事事物物，但由此而來的致知，在在都是心體、性理的自我呈現、發用，底下我們將藉由對朱子話語的闡述來確立這一點。可以先順帶提及的是，在唐先生之後的學者中，例如金春峰、楊儒賓都有與之相近的見解，〔註30〕由此也多少能夠看出唐先生對朱子的格物致知確實有其先見之明。

有了前面的基礎，我們再回過頭來體會朱子的話語，相信是更易於著力的。朱子說：

> 人之有是身也，則必有是心，有是心也，則必有是理，若仁義禮智之爲體，惻隱、羞惡、恭敬、是非之爲用，是則人皆有之，而非由外鑠我也。然聖人之所以教，不使學者收視反聽，一以反求諸心爲事，而必曰「興於詩，立於禮，成於樂」，又曰「博學、審問、謹思、明辯，而力行之」，何哉？蓋理雖在我，而或蔽於氣稟物欲之私，則不能以自見；學雖在外，然皆所以講乎此理之實，及其浹洽貫通而自得之，則又初無內外精粗之間也。（《文集》卷 80，〈鄂州州學稽古閣記〉，頁 3964～3965）

這一段文字的重要性，即使再怎樣強調應該都是不爲過的。整段話語可以分

〔註29〕 金春峰亦曾言「格物致知中，致知也不是積累客觀物理知識，而主要是推廣擴充人所本具的良知。」，〈馮友蘭《中哲史》（三十年代）論新儒家的得失之評論〉，頁 645。

〔註30〕 金春峰：《朱熹哲學思想·第四章「格物致知」說》，頁 147～185。楊儒賓：〈格物與豁然貫通——朱子〈格物補傳〉的詮釋問題〉，收在鍾彩鈞編：《朱子學的開展——學術篇》（臺北：漢學研究中心，2002），頁 219～246。

為三個脈絡，先對心的體用作正面積極的肯定，然後提出何以須要格物窮理的問題意識，再到內外的相互結合，以說明工夫的必要與效用。不論是就結構還是內涵上說，都可以視為是朱子心性論、工夫論的精華濃縮。首先，有是身必有是心，有是心必有是理，朱子連下兩個「必」字，語氣十分果斷直截；除非人沒有形體，不然不可能沒有心，同樣的，除非人沒有心，否則不可能沒有理，可見朱子認為這種必然性是無須質疑的。值得特別強調的是，由形體到心的存在是先天必然的，而由心到理的存在也同樣是如此，這裡實在不應該像牟先生所認為的，心、理僅只是後天認知的、攝取的關係；因為朱子接著明確地說，仁義禮智和惻隱、羞惡、恭敬、是非等道德本心的本體與作用，沒有哪一個不是人所天生本有的，也就是說，並不能說是由後天、外在強加進來的。關於此，筆者願意再次強調，對朱子而言，仁義禮智等性理便是心體，惻隱、羞惡、恭敬、是非等性情便是心用，由性理到性情，即是由心體到心用，兩者的關係是密切通貫，而非割截斷裂。接著，朱子自己提出了一個甚具意義的問題：既然人的心原本就具備了如此良好和整全的道德本質，那麼何不將工夫全都專注在「反求諸心」上就好，為什麼自古以來的聖人還要教導人們去做那些看似繁複瑣碎的事情？這個問題之所以甚具意義，正在於朱子對超越性的道德心體有所認識與嚮往的同時，仍不忘立足於現實的土地上。道德修養從來就不是一件輕鬆容易的事，其中的艱難困苦，正如曾子所說的「任重而道遠」，而且人所生活的是一個群居的社會，反求諸心當然是必要的，但是社會的禮儀規約、「博學、審問、謹思、明辯」，以及付諸實踐的力行，依舊是重要的。也就是說，人並不能只求專注於心而不求博聞多見。何以如此？請看最後朱子所提出的解釋。這裡仍然回到了人的心雖然具備仁義禮智，但「或蔽於氣稟物欲之私，則不能以自見」，這是朱子始終關切的緊要點，在天生無可逃避的形氣限制下，心中的性理往往是受到障蔽而不得嶄露的；就凡人眾生而言，在這種現實個體與生俱來的局限中，絕對不能只依靠反求諸心的作法，因為以人欲為天理的情況在現實中是不勝枚舉的。有鑒於此，因此朱子在涵養主敬之外，更添進了格物致知的工夫，所格所學儘管可以是在外的，但這些一一都是在求真實的性理，「及其浹洽貫通而自得之，則又初無內外精粗之間也」，一旦融會貫通，便會體悟到所致所得的理，不只是外在，同時也是內在的，這也就是唐先生所謂「即求諸外而明諸內」的合內外之道。

相近的論述，我們可以再看下一段文字，朱子說：

> 大抵人之一心，萬理具備，若能存得，便是聖賢，更有何事。然聖
> 賢教人，所以有許多門路節次，而未嘗教人只守此心者，蓋爲此心
> 此理，雖本完具，卻爲氣質之稟，不能無偏。若不講明體察，極精
> 極密，往往隨其所偏，墮於物欲之私而不自知。近世爲此說者，觀
> 其言語動作，略無毫髮近似聖賢氣象，正坐此耳。是以聖賢教人，
> 雖以恭敬持守爲先，而於其中又必使之即事即物，考古驗今，體會
> 推尋，內外參合。蓋必如此，然後見得此心之眞、此理之正，而於
> 世間萬事、一切言語，無不洞然了其白黑。（《文集》卷 54，〈答項
> 平父五〉，頁 2552）

這一段的義蘊和上一段全然相通，而對之所以要格物致知的理由則又有更多
的說明。朱子開宗明義便說「人之一心，萬理具備」，這樣的論述，如果用牟
先生所謂後天的、認知的、由外攝取而來的思路作爲理解，那麼是很難有順
適貼切的說明的。因爲，假使是後天的、認知的攝取，那麼有限的個體，是
不可能將萬理一一攝取而具備的；假若一定要以這個思路來理解，那麼除非
對朱子這樣的話語，再進行修改或予以否定，但這卻是本文所無法接受的作
法。接著，朱子也同樣提出了聖人的教導以作爲典範，無論在方式或程序上，
學者都有著許多要逐步去實踐的工夫，聖人從不曾教人只守住本心就算了
事。爲什麼如此？朱子再次強調了「此心此理，雖本完具」，而同時也是再一
次地反駁了牟先生所謂「關聯地當具」的說法。但朱子始終有一個念念牽繫
的關注，那就是人天生就有氣質的稟賦，這個稟賦並不是完好無缺，而是有
其偏向的，由此，所以它也同時是一種限制。世人都是平凡的人，天生的聖
人幾乎是不存在的，朱子說人們「往往隨其所偏，墮於物欲之私而不自知」，
這是十分合乎事實的陳述。正因爲人的行爲舉動，隨著氣質而各有其偏向，
因此朱子認爲道德實踐並不能全然地交付在一心的發用上，而是該涵養主
敬、格物致知雙管齊下，讓本有的氣稟物欲得以解消，也讓本有的心體性理
得以呈現。專就格物而言，對古今的事事物物的理解，朱子用「體會推尋，
內外參合」八個字來形容，這正表明了格物並不單是外在的推求研究，而且
更是內在的心有所體悟領會，也可以說，必須讓內心外物相印，才是格物最
後所達到的致知境界。而朱子最後的幾句話，正是以人在經由涵養、格物的
雙重工夫後，對心體、性理才能有眞實的體會和充分的發用，而依此而來的

待人接物也才能有合乎事理時宜的行為。以上所述，同樣再次印證了唐先生所謂「即求諸外而明諸內」的詮釋。

二、聞見之知與德行工夫兼重並行

前面論述了朱子所謂的格物致知，乃是即求諸外以明諸內的合內外工夫。考察這個觀點的思路，便會發現朱子一則肯認性理本內在於心，二則強調格物於外其實都是為了發明這本有的性理。這個定盤星的確立，一方面能夠反駁類似牟先生所謂只窮外在之理而淪為他律道德的批評，一方面又將能夠更了解朱子何以重視博學、審問、謹思、明辯，以及這些為何始終是與力行不可分的。接下來，我們將順著上面的脈絡，再細部地論述唐先生對朱子格物致知中，聞見之知與德性工夫關係的見解。唐先生在這一部分的論述著力頗深，而且讓朱子格物致知的價值得到了相當合理的肯定。

底下，我們先以實然之理與當然之理的關係展開論說，唐先生認為：

> 然趌就朱子之格物致知，乃即物而窮其理言，其旨亦有與陸王不同者。此不同，不關于此理是否原在內，是否原為心之理之問題，乃在「此理可否兼說為物之理」之問題，與「吾人是否能將吾人應物之當然之理，與一般所謂物之實然之理，在實際上加以截然分別：人不即物而窮其理，是否能顯此心之性理」之問題。在朱子之意，一切理雖原為吾人之內在的性理，然此內在的性理，不只為吾一人所具，亦為一切人與一切物之所具。……則此諸理應兼說為物之理。
> （《原教篇》，頁 275）

在唐先生看來，以性理為心內在所本有的觀點，對朱子是不成疑問的。但順此而來，卻可以提出「此理可否兼說為物之理」的問題，而之所以有這樣的問題，又是因為格物工夫往往是以外在的事物作為著手處的。因此，假如外在的物之理和內在的性理全然無關，那麼便會造成格物是否能成為道德工夫的困難；相反的，如果兩者相互關聯，那麼格物便具有成為道德進路的可能性和可行性。要回應這樣的提問，其實並不困難。因為對朱子而言，萬事萬物都是理、氣和合才能存在的，就作為最高本體的太極之理來說，雖然是絕對的唯一，但是它卻能透過氣這個載體而展示出千種萬端的表現形式，所謂理一而分殊是也。這在前面談朱子的理氣論時，已經有所說明。其次，關於第二個問題，唐先生又有以下的說明：

由上所說，則吾人應物之理、與此物之自身之實然之理，是否應加以分別之問題，如就朱子之所言者上看，實未嘗明對此二者，作截然分別。今觀其意，亦蓋不欲明作此截然分別。蓋此當然之理，既對物而顯，亦可說兼在物上：則對物之實然之理之知，即可與吾人之所以應物之當然之理之知，相連而起而顯。（《原教篇》，頁 276）

從比較的角度來說，當然之理相應於德性之知，實然之理相應於聞見之知，而在朱子的思想裡，對這兩者是不願意視爲截然不相關的，或者更積極地說，朱子打從心裡認爲這兩者的關係十分密切，對於道德實踐來說，乃是同樣重要的。〔註31〕何以如此？因爲實然之理和當然之理是能夠相連而呈現的。一如我們已然提及的，在朱子理氣和合的世界觀下，天地間包括人在內的所有萬物，都是具有太極之理的；換句話說，性理並不僅只是人所擁有的專利，其他的萬物也同樣是具有的。這個思路替當然之理和實然之理建構了一個能夠相互溝通和交流的管道，正是因爲如此，唐先生認爲當我們藉由格物來窮究事理的時候，外在萬事萬物的實然之理，將同時和人的應事應物的當然之理相連而呈現。他曾經舉了一個簡明易懂而又相當能夠突顯朱子此種思路的例子：「如吾人念及父之聲音笑貌，吾之孝之心、孝之理，即相連而起而顯。」（《原教篇》，頁 276）父親的外在形貌是實然之理，但是爲人子女的當然之理卻能夠因著這樣的實然而升起和顯現，可以說，既然人人天生就具備了當然之理，那麼在現實的生活中，讓當然之理得以合宜呈現的實然之理，更有著其不可忽視的重要地位。進一步，唐先生更強調：當我們經由外物的實然之理而讓如何應物的當然之理透顯出來時，朱子必定要求人們加以繼續不斷的努力；也就是說，無論我們是因爲念及父母親的聲音笑貌，還是藉由讀書求知以明辨黑白是非等等，其實都是可以作爲引發內在本有性理並進而求其繼續呈顯的方式。所以，朱子的格物致知並不是一種爲聞見而聞見的工夫，而是以尊德性爲根本導向、以道問學爲資助的修德進路。〔註32〕依此，則當然之理與實然之理，在實際上是不須要也不應該加以截然劃開的。此所以唐先生認爲：

　　由上所論，吾人即可了解朱子之所以以格物致知，爲一切心性工夫

〔註31〕錢穆：《朱子新學案（二）》，頁 532 亦曾言：「徒務聞見以爲知固不是，然若別出德性之知而輕外聞見，以爲德性自有知，可以不待聞見，似非朱子所許。」

〔註32〕唐君毅：《中國哲學原論：原教篇》，頁 275～276。又，上述之意已見拙著〈唐君毅之朱子學〉，頁 46。

之始，而不如陸王之將人之聞見知識與聖賢之學，加以分別之理由。
此理由即在人之聞見知識之擴充，原無不可連于人之當然之理之知
之擴充，與當有行爲之擴充，因而亦連于心性修養、或聖賢之學之
增進之故。(《原教篇》，頁 277)

這段文字可以視爲是唐先生對上述問題的總結，朱子之所以不僅不將聞見之知
隔絕在德性之知以外，反而將兩者緊緊聯繫密合，正是因爲聞見之知不但不是
德性之知的妨礙，相反的，前者一一都可以作爲德性擴充、道德實踐的資助。

　　對於以上的觀點，我們再以朱子和唐先生的話語來作爲相互闡發。朱子說：

夫「天生烝民，有物有則」，物者，形也；則者，理也。形者，所謂
形而下者也；理者，所謂形而上者也。人之生也，固不能無是物矣，
而不明其物之理，則無以順性命之正，而處事物之當，故必即是物
以求之。知求其理矣，而不至夫物之極，則物之理有未窮，而吾之
知亦未盡，故必至其極而後已。此所謂「格物而至於物，則物理盡」
者也。物理皆盡，則吾之知識廓然貫通，無有蔽礙，而意無不誠，
心無不正矣。(《文集》卷 44，〈答江德功二〉，頁 1968～1969)

開頭的話語是朱子理氣論的基本內涵，在形而下的萬物中，便蘊含著形而上
的天理。一如前面所提及的，這個思路將讓格物的工夫得到可行的基礎，而
這裡朱子也正是由理氣論的脈絡接續到工夫論的闡述。朱子表明人生在世是
不能不面對萬事萬物的，因此如果不明瞭事物的道理，便無法合宜地應事接
物；朱子以「順性命之正，而處事物之當」來作爲必須格物的原由，正是聞
見之知與德性工夫密切相關相連的佐證。至於後半段的說法，則是格物工夫
在程度上的指示，朱子之所以強調格物窮理須要到達事物的極處，主要是爲
了避免淺嘗即止或只知其一不知其二所帶來的自我局限。這對畫地自限的
人，恰恰好是一種惕勵。須要特別指出的是，這裡朱子雖然用了極、盡等辭
彙，但除了量的要求之外，他更著重的是在質上的超越，所謂廓然貫通是也。
〔註33〕

　　接著我們看唐先生如下的論述：

吾人在實際生活中，從事修養，亦時時有種種問題，非直下爲定然

〔註33〕此外，關於朱子所謂「知識」一詞非等同於現今之所指，金春峰曾有所說明，
　　　見氏著《朱熹哲學思想》，頁 175～185。如頁 178 云：「格物致知所追求的，
　　　朱熹認爲不是物理『知識』而是『見識』，即做人的道理，處事應物的道理。」

無疑者。……此中，人所感之問題，恆爲當然之原則性之善道，如何應用於現實存在之具體情境，而如何加以表現，以成具體之德行之問題。亦即抽象普遍之善道，如何轉化出次級之具體特殊之善道之問題。（《導論篇》，頁 333）

朱子說格物，其要義在扣緊物之理以言，並指出人唯於「理有未窮」，而後「知有不盡」。朱子之所以重窮理，蓋一方意在使人知一切人所止之至善之當然，與其所以爲當然，而使人於已知之善之爲善，當然者之爲當然，更知其初所不知之理由，而決定無疑。此即使人由知之眞而達於行之切。再一方即在使人由知抽象普遍之道，以進而求具體特殊之道。……朱子之言格物，重窮理，亦即意在歸向於「對一一具體特殊者，而初爲人所未知之應物感物之道」之尋求，而此尋求之不能不有，即對上文之問題，而不能不有者也。（《導論篇》，頁 335～336）

唐先生第一段所提出的問題，在現實生活中是再眞實不過的。前面已提及，凡是閱讀過儒家四書等典籍的人，要認識其中的主要概念並不是件困難的事；甚至我們也能夠說，對大多數的人而言，要認識抽象普遍的善道，例如父慈子孝、兄友弟恭等等並不太難。然而這些認識都還停留在過於概括的抽象層次上，距離現實的具體情境仍有十分大的差距，因爲天道仁理儘管可以是一，但日常生活卻是千般萬樣的；換句話說，如果我們止步在抽象普遍的善道，而不進一步了解具體特殊的善道，那麼對於道德的實踐依舊有著很大的不足和欠缺。舉個簡單的例子，譬如我們都知道助人是一種善道，但這只是一個抽象普遍的概念，在何種具體的情境下，運用何種特殊的方式才能達到眞正幫助人的目的，這才是更爲重要的事情。從這裡，我們應當可以體悟到朱子格物致知的重要性，作爲一種工夫進路，它必須要能眞切地落實在日用常行中，而之所以能落實，正在於透過工夫能夠讓我們懂得如何面對複雜多變的具體人事物。誠如唐先生第二段所提出的兩個面向，藉由對事理的眞切認識，讓我們更明白其中的道理所在，而由此又將使人因了解甚至信仰道理而產生實踐的動力；而在此同時，人並非天生就能全然明白萬事萬物的實然之理，以及如何以殊別的當然之理加以應對，這些都必須經由逐漸積累的格物過程才行。

對於上面的觀點，我們且引幾條《語類》的記載作爲佐證。朱子說：

只爲知不至。今人行到五分，便是它只知得五分，見識只識到那地

位。譬諸穿窬，稍是箇人，便不肯做，蓋眞知穿窬之不善也。虎傷事亦然。（《語類》卷18，頁391）

物格、知至，他只有些子未格，有些子未至耳。伊川嘗言虎傷者，曾經傷者，神色獨變，此爲眞見得，信得。凡人皆知水蹈之必溺，火蹈之必焚。今試教他去蹈水火，定不肯去。無他，只爲眞知。（《語類》卷28，頁715）

窮理者，因其所已知而及其所未知，因其所已達而及其所未達。人之良知，本所固有。然不能窮理者，只是足於已知已達，而不能窮其未知未達，故見得一截，不曾又見得一截，此其所以於理未精也。然仍須工夫日日增加。今日既格得一物，明日又格得一物，工夫更不住地做。如左腳進得一步，右腳又進一步；右腳進得一步，左腳又進，接續不已，自然貫通。（《語類》卷18，頁392～393）

前兩條《語類》意旨相同，都是在強調眞知的重要。在朱子看來，對事物之理如果只是泛泛地認識，而沒有眞切地滲入內心，那麼依然是無實際用處的；也就是說，格物窮理必得達到眞知的地步，才能對於道德的實踐有所助益。朱子深信，假如一個人對道理有眞正的了解，那麼它是絕對不會加以違背的。據此可以了解，不論聞見多麼的廣博，假如不能做到眞知和力行，那麼朱子同樣是不會讚許和認可的，誠如唐先生所說，朱子的格物致知是「由知之眞而達於行之切」。再進一步來看，朱子所謂的眞知，其實是必須力行才能驗證的；能力行的才算是眞知，相反的，未能力行的仍稱不上是眞知。〔註34〕而這又是聞見之知與德性工夫密切關聯的例證之一。此外，眞知之所以能力行，個中原由乃是在「人之良知，本所固有」，本有的良知爲實踐奠定了根基，但是，朱子這裡更爲重視的是透過今日格一物、明日格一物的漸進工夫，來讓人擴充原本所不知道的分殊的萬理，同時也讓本有的良知能夠更充分地、合宜地發揮作用。此中，想要走捷徑而不肯下積累的努力，在朱子看來是萬萬不可的。

請再看朱子如下的說法：

事事物物上各有箇是，有箇非，是底自家心裏定道是，非底自家心裏定道非。就事物上看，是底定是是，非底定是非。到得所以是之，所以非之，卻只在自家。此四者，人人有之，同得於天者，不待問

〔註34〕錢穆：《朱子新學案（二）》，頁532亦曾曰：「親修實踐，其知乃深，始爲眞知。故聞見有知而繼以行證，親修實踐，則所知即爲德性之知。」

別人假借。堯舜之所以爲堯舜，也只是這四箇，桀紂本來亦有這四
箇。如今若認得這四箇分曉，方可以理會別道理。只是孝有多少樣，
有如此爲孝，如此而爲不孝；忠固是忠，有如此爲忠，又有如此而
不喚做忠，一一都著斟酌理會過。（《語類》卷15，頁285）

外在事物的是或非，有著一定的客觀標準，而人依著對事物的了解，進而有所
評斷，朱子說「是底自家心裏定道是，非底自家心裏定道」，正是肯定了心做道
德判斷的自主權，而心之所以能夠如此，乃是因爲仁義禮智四者原本就是人人
天生所內在於心的本質。因此朱子接著說「如今若認得這四箇分曉，方可以理
會別道理」，便是希望我們先穩定根基，依著仁義禮智來待人處世。但只有如此
還不足夠，例如眾人都知道爲人當孝、當忠，但在千變萬化的現實生活中，怎
樣才算是孝和忠的行爲，便須要對應各種不同的具體情狀而有不同的選擇和表
現，而這些並不是人生來就完全知曉的道理，必須如朱子所說的「一一都著斟
酌理會過」，才能夠有眞正切合實際的道德行爲。誠如金春峰所說：

> 「合宜」即義理之隨事隨時隨分而合宜者。此「合宜」，一方面是內
> 在的，如見父之孝，見兄之悌，本體之仁，分殊而爲仁義禮智等等；
> 另一方面它與外在的物理也是有聯繫的，不知各種物理、不知有關
> 的客觀自然之理，亦不可能使義理隨事隨分而得宜。……所以格物
> 亦包括了解外界客觀之物理，但它是與主體的道德本體、道德實踐
> 緊密結合的。〔註35〕

金先生的說法與朱子的意思、唐先生的詮釋是相通相合的，而朱子以格物致
知爲實踐工夫的價值性，以及唐先生以聞見之知與德性工夫兼重並行來加以
詮釋的合理性，於此也可見一斑。〔註36〕

最後，我們以唐先生的一段話，作爲探究朱子工夫論的總結。他如此說：

> 依朱子義，存養主敬之工夫，爲致中之工夫，乃所以正心之未發工
> 夫；省察與致知格物，則爲致和之工夫，皆心之已發工夫。存養主

〔註35〕金春峰：《朱熹哲學思想》，頁169。

〔註36〕對於朱子重視德性之知與聞見之知，或「仁且智」的理想人格，學者多有論
及。除前已提及之錢穆、金春峰外，又如余英時：〈朱熹哲學體系中的道德與
知識〉，收在田浩編：《宋代思想史論》（北京：社會科學文獻出版社，2003），
頁270～272；陳來：《朱子哲學研究》，頁416～417；成中英：《合外內之道：
儒家哲學論》，頁246～248；葛兆光：《中國思想史：第二卷》（上海：復旦大
學出版社，2001），頁237～241。

　　敬，所以使原具于心之超越而內在之性理，得呈現之幾；而致知格
　　物，則爲求知彼外在之物理，以明此內之性理。既知理而更以此所
　　知之理，爲省察之所據，而省察即所以誠意。（《原教篇》，頁 309）

朱子之所以以涵養主敬爲工夫的第一義，正是有鑒於人雖有道德的心體、性理，但同樣也有氣稟物欲的夾雜和干擾，以致於心的發用並不必能合乎義理，因此必須在心未發時，加以涵養持守，讓昏蔽能夠消解，以使心體、性理能夠真正地自我呈顯。但是，除了心體能呈顯之外，更須要配合生活中所面臨的各種具體而個別的境況，因此朱子便以格物致知爲第二義工夫，藉由個體對萬事萬物的了解的同時，讓原有的心體、性理有更爲適宜和充足的發用。而由格物致知所了解或呈顯的各式各樣的道理，無論內在或外在，都可以作爲省察、誠意的依據，讓個體的起心動念、行爲舉止有所調整和修正。

第五章　結　論

　　對於朱子的思想，本文的關切點始終放置在當代學者所給予的詮釋和定位上。之所以著眼於當代，主要是因爲這些論述除了在時間之流上是宋明清儒學的延續外，並且在義理內涵上更是經過了一番的融匯和汰濾，而由此所呈現出來的論述便更具有時代性和代表性。其中，最爲筆者所重視的，又以唐君毅和牟宗三的見解爲首出。唐、牟兩位先生雖然一同被視爲是當代新儒家的代表人物，但兩人的哲學思路頗爲不同，而對於朱子思想的詮釋，更有著相當鮮明的差別和歧異。僅就目前臺灣學界的概況來說，牟先生所理解的朱子思想，應該是最具有影響力的論述；並且，就筆者目前粗淺的觀察而言，也已經有頗多學者將牟先生對朱子的詮釋視爲定論。這裡，須要特別先強調一點，無論學者接受何種詮釋，只要有其合理的立足點，都是個人所可以有的選擇，我想這在現今重視學術自由的時代裡，應當是能夠爲人所接受的共識。所以，一如本文在緒論曾經提及的，依著牟先生思路的主流路線是目前臺灣學界已表現出來的現象，但順著唐先生的思路而走另一條可能的道路，卻也是另一種可以有的抉擇。當然，本文之所以抉擇於此而不選擇於彼，是有義理詮釋上的著眼點的。我們爲何無法接受牟先生的論斷，主要的原因乃是在於他的詮釋，往往是經過了修改或否定朱子的話語而後才能成立的，而這些修改或否定文獻的方式，則是立足於他對朱子思想的先行預設。這一點是筆者深以爲不可的。因爲文獻作爲詮釋的基礎，應該是臨駕於一切個人的預設之上，無論我們有多少無可避免的既成昊解，文獻仍然應當享有最後的決定權，而詮釋者也理當以回歸文獻爲使命，除非，我們並不是在詮釋思想家，而只是在發展自己的哲學。相較之下，筆者以爲唐先生對於朱子的話語

就能有較多的敬意，不僅對話語如此，對朱子的思想也同樣是如此。這裡所謂的敬意，並不是說以朱子的思想爲獨尊，而是能夠先就著朱子的話語來論述朱子的思想，然後再進行個人所可以有的價值評判。我們權且舉陳來《朱子哲學研究》來作爲參照的說明。陳先生書中的詮釋特點，是先盡量尋求朱子說了些什麼，正如他自己所說的：「關於本書的方法，第一，哲學史研究方法的基本原則應當是力求歷史地、如實地闡明古代哲學的思想、命題和範疇。」〔註1〕雖然陳先生對朱子思想的理解，與唐先生的詮釋有同有異，但在尊重朱子的話語而不輕易加以修改或否定的這一點上，兩人無疑有著相同的立足點。換句話說，詮釋儘管會因人而異，但以文獻作爲歸根結柢的基礎，卻是學術討論的共同平台。這是筆者所特別重視的一點。至於接下來的評價問題，因著每個人的立場或關懷的不同，便會有所落差，甚至出現南轅北轍的說法。例如同樣是朱子的理氣論，陳先生因著唯物論的立場，因此和唐先生所作出的評價便有頗大的差距。其中的合理與得失或許是可以再討論和探究的議題，但是他們都以尊重、信任的態度對待朱子的話語，這卻是進一步商榷得以可能的根本基礎。

經過以上各章的闡述，相信對唐先生所詮釋的朱子學，應當已經能夠有所掌握和認識，並且，在藉由其他學者的觀點來作爲對比後，相信對朱子的思想也可以有更爲深入的了解。在唐先生所詮釋的朱子理氣論的部分，我們首先說明在中國哲學家當中，朱子是最重視作爲創造性本身的生生之理的儒者。這樣的確立，讓身爲理學代表的朱子，得到了應有的歷史地位和價值肯定。此中，透過和西方實現原則、形式原則和質料等概念的對比，也讓朱子的理、氣內涵更爲清晰。接著，論辯和生生之理異名同實的太極之理，其本身是能自我呈體起用以成就陰陽動靜的活理，由此而再次闡明朱子的理乃是生生不已的創造性本身。其中，也對牟先生所謂「只存有而不活動」的判定進行檢討，說明其所據以論斷的理由仍然有可以商榷的空間。而在理、氣關係方面，所謂的不離不雜是研究者都熟悉的特徵，但唐先生在了解不雜這一方面之餘，則更特別強調不離的層面，由此而說理、氣兩者乃是能相互保合以生生不息的存在。在當中，我們也論說了朱子的理先氣後，最首要的涵義是形上學的先後，也就是說，理是宇宙萬物之所以能存在的根本眞實性，氣的眞實性是因爲理的眞實性而後才能被肯定的；有理才能有氣，而且有理必定有氣，理藉由與氣的結合而能創生

〔註1〕 陳來：《朱子哲學研究》，頁8。

萬物，因此朱子的最終本體仍然是歸在絕對而唯一的理上，換句話說，以二元論來界定朱子其實並不合適。朱子以理爲形而上的最高本體，是可以確定的，不過這個本體必定要落實到現實的世界裡，因此朱子便以氣作爲理的載體，這可以視爲是氣的積極性的一面，但同時氣也具備著消極性的一面，那就是它對於理的限制。可以說，在創生萬物的層面上，朱子重視氣作爲理表現在形下世界的媒介，並且在他看來，所有存在的萬物，即使是看似沒有生命的枯槁之物，仍然是理藉著氣所呈現出來的形式之一，而這正替理的普遍性奠立了基石；不過在此同時，朱子也強調氣對個體所帶來的無可避免的局限性，因此個體天生所具備的性便始終是在氣質之中的，而氣質的清濁通塞又限制了理表現的難易程度，因此便有人類、萬物、聰明、愚昧等等不同的存在的層級性。其中，人類以其生命形態的特殊而作爲萬物之靈，所以對於世界的運行不已就必須擔負著更多的責任。

　　在心性論的部分，唐先生認爲對於朱子的說法必須區分爲不同的層次來作理解，這個詮釋進路的提出，恰好讓朱子豐富多元的說法，得到了適當的位階安排。關於朱子所謂的人心、道心，唐先生認爲應該要再加上一個不善之人欲的概念來並列爲三，並且這三個概念要從一般工夫論來作說明。也就是說，現實個體雖然只有一個心，但工夫的有無卻可以讓它呈現出三種具有價值判斷的狀態。所謂道心，指的是人能夠透過工夫而讓本心體現出來的道德的狀態；所謂不善之人欲，乃是人沒有以工夫來修養，而使得心只順著物欲來行事的惡的狀態；至於人心，則是介於上述兩者之間的中性的狀態。須要特別指出的是，道心、人心、不善之人欲，都是描繪個體狀態的境界用語，而不是作爲指稱本體的詞語，也因爲如此，所以唐先生才能夠有一心開展爲三種人格心境的說法。接著，在關於氣之靈的問題上，唐先生認爲這是朱子著眼於宇宙論視角上的觀點，而且更緊要的是，他認爲這並不是朱子心性論的核心所在，也就是說，他並不認爲朱子的心僅只是氣這一層面的概念。這個提點相當重要。說朱子的心有氣的內涵是可以接受的，但它並不是只停留於此，因爲心之所以成爲心，還有更具意義的本質所在。單就消極的反駁方面來說，這個觀念多少能讓朱子思想中的心免除了只是中性、實然的誤解。而更爲積極的證成方面，唐先生則指出朱子心性論的核心其實是在談論虛靈明覺的本心。這個本心是通貫理氣、寂感二面的概念，也就是說，心的本體就是性理，心的作用就是情氣，而由本體表現爲作用、由性理呈現爲情氣，

是心本身由體呈用的整體過程。依此,所以牟先生認爲朱子的心只是沒有道德義涵的經驗的氣心,心和理的關係只是後天的、認知的、關聯的當具,這是本文所無法認可的說法。與此相關連,在對於〈仁說〉的評價方面,唐先生和牟先生的詮釋也有著天壤之別。例如牟先生依著他的預設而認爲朱子將仁界定爲心之德、愛之理,只是讓仁作爲愛的所以然之理,但它本身卻不能自我發出作用,必得要經過心的認知之後,才能將它攝取來作爲心的行事依據;並且朱子又反對以覺訓仁的進路,則更是不明白仁心具有不安不忍的道德眞情之覺……。而在唐先生的理解下,朱子的仁心是從天地之心一直貫徹到人身上的,兩者具有著相同的道德本質;並且仁心本身就具備體用的關係,由內在的性理發而爲外在的情氣,是它天生就賦有的本質和作用,朱子所爭的是性理和情氣在概念上有著形上和形下的分別,但在現實個體的活動中,兩者其實是本心所無法割裂的本體和作用;至於朱子之所以批評以覺訓仁,一則是針對不肯下苦工而想走捷徑的人來說,二則是因爲仁雖然可以有智的作用,但卻不是仁之所以作爲仁而有別於知覺作用的本質所在。

　　至於在工夫論中,唐先生緊緊扣合著朱子對氣稟物欲的重視來作爲他的詮釋核心。筆者對此深以爲然。在個體存在的同時,氣稟物欲就帶來了天生無可逃避的限制。因此,雖然眾人都有道德的本心,而且所謂的涵養主敬除了小學的工夫之外,更重要的是心體的自我存養和運用;但眾人也都是受到氣稟物欲干擾的平凡人,把人欲誤當做天理的情形是不可勝數的,就這種現實的眞實樣貌來說,與其過度肯定和信任所謂本心的自我發用,倒不如轉移重心,讓平凡的個體能夠因爲正視自己不完美的局限,而藉由工夫逐步地消解氣稟物欲的影響,讓本有的心體能夠有眞正的自我呈現和發揮作用。朱子正是著眼於此,所以雖然他並不反對察識的工夫,但透過涵養主敬以讓負面的夾雜得以減少,讓正面的心體得以呈現,卻仍然是首要的工夫進路。接著,則是與涵養主敬並列爲朱子工夫綱領的格物致知。牟先生認爲朱子的主敬只是空頭無根的外在工夫,而格物也同樣只是窮外在於心的理來作爲行事的標準,因此他批評這些工夫是他律的,並不能成就眞正的道德行爲。然而在唐先生看來,朱子的格物雖然可以著眼於外在的事事物物,但致知卻是內在本有的性理的自我呈顯,因此他以「即求諸外以明諸內」來加以定位。這當中最主要的關鍵是在:對朱子而言,心體就是性理,道德先天內在而成爲心的本質,這是早已肯定的,但是個體不僅天生就有氣質的限制,而且在面對錯

綜複雜的現實世界時，絕對不是光靠一個本心的發用就足夠的；各式各樣具體而特殊的情境，須要我們有不同的應對接待之理，也就是說，單靠發乎本心是不必然就能夠中節合宜的。因此，對於聞見之知和德行工夫，朱子兼重而不偏廢任何一方，不僅不偏廢，並且他根本就認爲這兩者是不可分割的；如果想要成就德性工夫，但卻不願格物窮理以增進聞見之知，在他看來是遠遠不足以造就完整而廣大的人格的。

參考書目

一、唐君毅之朱子學相關文獻（依姓氏筆劃排列）

1. 唐君毅：《中國哲學原論：導論篇》臺北：臺灣學生書局，1986 年，全集校訂版。
2. 唐君毅：《中國哲學原論：原性篇》臺北：臺灣學生書局，1989 年，全集校訂版。
3. 唐君毅：《中國哲學原論：原道篇》（三卷）臺北：臺灣學生書局，1986 年，全集校訂版。
4. 唐君毅：《中國哲學原論：原教篇》臺北：臺灣學生書局，1990 年，全集校訂版。
5. 唐君毅：《哲學論集》臺北：臺灣學生書局，1990 年，全集校訂版。

二、古　籍

1. 朱熹著，陳俊民校編：《朱子文集》臺北：德富文教基金會，2000 年。
2. 朱熹：《四書章句集注》北京：中華書局，1983 年。
3. 朱熹著，朱傑人、嚴佐之、劉永翔編：《朱子全書》上海：上海古籍出版社、合肥：安徽教育出版社，2002 年。
4. 張載著，章錫琛點校：《張載集》北京：中華書局，1978 年。
5. 程顥、程頤著，王孝魚點校：《二程集》北京：中華書局，1981 年。
6. 黎靖德編、王星賢點校：《朱子語類》北京：中華書局，1986 年。

三、專　著

1. 田浩：《朱熹的思維世界》臺北：允晨文化公司，1996 年。

2. 田浩編：《宋代思想史論》北京：社會科學文獻出版社，2003 年。

3. 台灣哲學學會編：《儒家哲學》臺北：桂冠圖書公司，2004 年。

4. 牟宗三：《心體與性體（一）》臺北：正中書局，1968 年。

5. 牟宗三：《心體與性體（二）》臺北：正中書局，1968 年。

6. 牟宗三：《心體與性體（三）》臺北：正中書局，1969 年。

7. 牟宗三：《從陸象山到劉蕺山》臺北：臺灣學生書局，1979 年。

8. 牟宗三：《中國哲學十九講》臺北：臺灣學生書局，1983 年。

9. 林安梧：《現代儒學論衡》臺北：葉強出版社，1987 年。

10. 成中英：《知識與價值──和諧、眞理與正義之探索》臺北：聯經出版公司，1986 年。

11. 成中英：《合外內之道：儒家哲學論》臺北：康德出版社，2005 年。

12. 朱傑人編：《邁入 21 世紀的朱子學：紀念朱熹誕辰 870 周年、逝世 800 周年論文集》上海：華東師範大學出版社，2001 年。

13. 李杜：《唐君毅先生的哲學》臺北：臺灣學生書局，1983 年，再版。

14. 李明輝：《儒家與康德》臺北：聯經出版公司，1990 年。

15. 李明輝編：《中國經典詮釋傳統（二）：儒學篇》臺北：喜瑪拉雅基金會，2002 年。

16. 李瑞全：《當代新儒學之哲學開拓》臺北：文津出版社，1993 年。

17. 杜保瑞：《北宋儒學》臺北：臺灣商務印書館，2005 年。

18. 束景南：《朱子大傳》北京：商務印書館，2003 年。

19. 余英時：《朱熹的歷史世界：宋代士大夫政治文化的研究》北京：三聯書店，2004 年。

20. 吳汝鈞：《儒家哲學》臺北：臺灣商務印書館，1995 年。

21. 周群振等：《當代新儒學論文集・內聖篇》臺北：文津出版社，1991 年。

22. 金春峰：《朱熹哲學思想》臺北：東大圖書公司，1998 年。

23. 武夷山朱熹研究中心編：《海峽兩岸論朱熹》廈門：廈門大學出版社，1998 年。

24. 唐君毅：《哲學概論》（二冊）臺北：臺灣學生書局，1989 年，全集校訂版。

25. 唐君毅全集編委會編：《年譜・著述年表・先人著述》臺北：臺灣學生書局，1990 年，全集校訂版。

26. 徐復觀：《中國思想史論集續編》臺北：時報文化出版公司，1982 年。

27. 祝平次：《朱子學與明初理學的發展》臺北：臺灣學生書局，1994 年。

28. 祝平次、楊儒賓編：《天體、身體與國體：迴向世界的漢學》臺北：國立

臺灣大學出版中心，2005 年。

29. 陳榮捷：《朱學論集》臺北：臺灣學生書局，1988 年，增訂再版。

30. 陳榮捷：《朱子新探索》臺北：臺灣學生書局，1988 年。

31. 陳榮捷：《朱熹》臺北：東大圖書公司，1990 年。

32. 陳來：《朱子哲學研究》上海：華東師範大學出版社，2000 年。

33. 陳來：《宋明理學》上海：華東師範大學出版社，2003 年，第二版。

34. 勞思光：《新編中國哲學史（三上）》臺北：三民書局，1990 年，六版。

35. 張亨：《思文之際論集：儒道思想的現代詮釋》臺北：允晨文化公司，1997 年。

36. 張立文：《朱熹評傳》南京：南京大學出版社，1998 年。

37. 梁燕城：《破曉年代——後現代中國哲學的重構》上海：東方出版社，1999。

38. 黃俊傑編：《孟子思想的歷史發展》臺北：中央研究院中國文哲研究所，1995 年。

39. 黃俊傑編：《中國經典詮釋傳統（一）：通論篇》臺北：國立臺灣大學出版中心，2006 年，二版。

40. 黃俊傑：《中國孟學詮釋史論》北京：社會科學文獻出版社，2004 年。

41. 黃俊傑編：《中日《四書》詮釋傳統初探》臺北：國立臺灣大學出版中心，2004 年。

42. 黃俊傑、林維杰編：《東亞朱子學的同調與異趣》臺北：國立臺灣大學出版中心，2006 年。

43. 葛兆光：《中國思想史：第二卷》上海：復旦大學出版社，2001 年。

44. 楊儒賓編：《朱子學的開展——東亞篇》臺北：漢學研究中心，2002 年。

45. 楊儒賓：《儒家身體觀》臺北：中央研究院中國文哲研究所，2003 年，修訂二版。

46. 蒙培元：《理學範疇系統》北京：人民出版社，1989 年。

47. 蒙培元：《中國心性論》臺北：臺灣學生書局，1990 年。

48. 蒙培元：《心靈超越與境界》北京：人民出版社，1998 年。

49. 劉述先：《朱子哲學思想的發展與完成》臺北：臺灣學生書局，1995，增訂三版。

50. 劉述先：《理想與現實的糾結》臺北：臺灣學生書局，1993 年。

51. 劉述先：《全球倫理與宗教對話》臺北：立緒文化公司，2001 年。

52. 劉述先：《現代新儒學之省察論集》臺北：中央研究院中國文哲研究所，2004 年。

53. 蔣年豐：《文本與實踐（一）：儒家思想的當代詮釋》臺北：桂冠圖書公司，2000 年。

54. 蕭萐父：《船山哲學引論》南昌：江西人民出版社，1993 年。

55. 錢穆：《朱子新學案》（五冊）（《錢賓四先生全集》第 11 至 15 冊）臺北：聯經出版公司，1998 年。

56. 鍾彩鈞編：《國際朱子學會議論文集》臺北：中央研究院中國文哲研究所，1993 年。

57. 鍾彩鈞編：《朱子學的開展——學術篇》臺北：漢學研究中心，2002 年。

58. 戴君仁：《戴靜山先生全集》（三冊）臺北：戴顧志鵷，1980 年。

四、期刊論文

1. 丁爲祥：〈從形式與質料到眞際與實際——馮友蘭朱子詮釋芻議〉，《人文雜志》2001 年，第 4 期，頁 52〜57。

2. 丁爲祥：〈朱子本體意識的裂變及其意義〉，《中國文哲研究通訊》第 13 卷，第 2 期（2003 年 6 月），頁 101〜116。

3. 向世陵：〈朱熹的「性理」學及與他的理本論體系——從二程、胡宏到朱熹的「性善」與「性無善惡」之辨〉，《哲學與文化》第 32 卷，第 7 期（2005 年 7 月），頁 7〜24。

4. 杜保瑞：〈現代中國哲學在台灣的創造與發展〉，《哲學雜誌》第 25 期（1998 年 8 月），頁 94〜115。

5. 杜保瑞：〈中國哲學的基本哲學問題意識反省〉，《哲學與文化》第 27 卷，第 9 期（2000 年 9 月），頁 837〜851。

6. 杜保瑞：〈對牟宗三宋明儒學詮釋體系的方法論反省〉，《哲學雜誌》第 34 期（2000 年 1 月），頁 120〜143。

7. 杜保瑞：〈書評：劉述先《朱子哲學思想的發展與完成》〉，《哲學與文化》第 31 卷，第 8 期（2004 年 8 月），頁 127〜131。

8. 杜保瑞：〈書評：金春峰《朱熹哲學思想》〉，《哲學與文化》第 31 卷，第 8 期（2004 年 8 月），頁 133〜138。

9. 杜保瑞：〈朱熹哲學研究進路〉，《哲學與文化》第 32 卷，第 7 期（2005 年 7 月），頁 93〜110。

10. 杜保瑞：〈朱熹經典詮釋中的工夫理論〉，《揭諦》第 11 期（2006 年 6 月），頁 1〜60。

11. 杜保瑞：〈朱熹形上思想的創造意義與當代爭議的解消〉，《國立臺灣大學哲學論評》第 33 期（2007 年 3 月），頁 15〜90。

12. 杜保瑞：〈中國哲學中的眞理觀問題〉，《哲學與文化》第 34 卷，第 4 期

（2007 年 4 月），頁 101～121。

13. 李明輝：〈劉蕺山對朱子理氣論的批判〉,《漢學研究》第 19 卷，第 2 期（2001 年 12 月），頁 1～32。

14. 李明輝：〈朱子對「道心」、「人心」的詮釋（上）〉,《鵝湖》第 33 卷，第 3 期（2007 年 9 月），頁 11～21。

15. 李明輝：〈朱子對「道心」、「人心」的詮釋（下）〉,《鵝湖》第 33 卷，第 4 期（2007 年 10 月），頁 11～16。

16. 吳略余：〈對牟宗三詮釋朱子心性、工夫論的若干疑義——以唐君毅之朱子學爲主要視角〉,《有鳳初鳴年刊》第 3 期（2007 年 10 月），頁 15～27。

17. 吳略余：〈唐君毅之朱子學〉,《鵝湖》第 33 卷，第 7 期（2008.1），頁 38～49。

18. 金春峰：〈馮友蘭《中哲史》（三十年代）論新儒家的得失之評論〉,《哲學與文化》第 28 卷，第 7 期（2001 年 7 月），頁 650～678。

19. 金春峰：〈朱熹晚年思想〉,《山東大學學報（哲學社會科學版）》2005 年，第 1 期，頁 70～80。

20. 林維杰：〈萬物之理與文章之理——朱熹哲學中形上學與詮釋學的關連〉,《揭諦》第 4 期（2002 年 7 月），頁 99～130。

21. 林維杰：〈知行與經權——朱熹哲學的詮釋學模式分析〉,《中國文哲研究集刊》第 27 期（2005 年 9 月），頁 185～213。

22. 林維杰：〈朱熹哲學中的經典詮釋與修養工夫〉,《法鼓人文學報》第 2 期（2005 年 12 月），頁 217～241。

23. 姜廣輝：〈論朱熹集大成的心性學說〉,《漢學研究》第 11 卷，第 1 期（1993 年 6 月），頁 29～48。

24. 高柏園：〈論唐君毅先生對二程理學之理解態度（下）〉,《鵝湖》第 28 卷，第 12 期（2003 年 6 月），頁 15～22。

25. 高柏園：〈論唐君毅先生對二程理學之理解態度（上）〉,《鵝湖》第 28 卷，第 11 期（2003 年 5 月），頁 33～40。

26. 陳代湘：〈現代新儒家的朱子學研究概述〉,《哲學動態》2002 年，第 7 期，頁 25～28。

27. 陳代湘：〈馮友蘭對朱子學的繼承和超越〉,《船山學刊》2003 年，第 1 期，頁 109～112。

28. 張永儁：〈從程朱理氣說析論朱熹心性論之要義〉,《國立臺灣大學哲學論評》第 12 期（1989 年 1 月），頁 73～106。

29. 張永儁：〈朱熹的教育哲學思想及其人生價值觀〉,《國立臺灣大學哲學論評》第 16 期（1993 年 1 月），頁 97～120。

30. 張瑓：〈從自得之學論朱〔子〕陸〔九淵〕異同〉，《漢學研究》第 13 卷，第 2 期（1995 年 12 月），頁 119～129。

31. 黃進興：〈所謂「道德自主性」：以西方觀念解釋中國思想之限制的例證〉，《食貨月刊》第 7、8 期（1984 年 11 月），頁 353～364。

32. 楊儒賓：〈「中庸」、「大學」變成經典的歷程──從性命之書的觀點立論〉，《臺大歷史學報》第 24 期（1999 年 12 月），頁 29～70。

33. 楊儒賓：〈戰後臺灣的朱子學研究〉，《漢學研究通訊》第 19 卷，第 4 期（2000 年 11 月），頁 572～580。

34. 楊儒賓：〈變化氣質、養氣與觀聖賢氣象〉，《漢學研究》第 19 卷，第 1 期（2001 年 6 月），頁 103～136。

35. 楊儒賓：〈羅欽順與貝原益軒──東亞近世儒學詮釋傳統中的氣論問題〉，《漢學研究》第 21 卷，第 1 期（2005 年 6 月），頁 261～290。

36. 楊儒賓：〈論「觀喜怒哀樂未發前氣象」〉（附林月惠之評論及該場討論），《中國文哲通訊研究》第 15 卷，第 3 期（2005 年 9 月），頁 33～74。

37. 楊儒賓：〈「自性化」與「復性」──榮格與朱子的異時空交會〉，《法鼓人文學報》第 2 期（2005 年 12 月），頁 137～160。

38. 楊儒賓：〈兩種氣學，兩種儒學〉，《臺灣東亞文明研究學刊》第 3 卷，第 2 期（2006 年 12 月），頁 1～39。

39. 楊儒賓：〈性命之書的轉折：理學的經典詮釋〉，《法鼓人文學報》第 3 期（2006 年 12 月），頁 77～100。

40. 楊儒賓：〈檢證氣學──理學史脈絡下的觀點〉，《漢學研究》第 25 卷，第 1 期（2007 年 6 月），頁 247～281。

41. 楊祖漢：〈朱子「盡心章注」與胡五峰思想之關係〉，《國立中央大學人文學報》第 24 期（2001 年 12 月），頁 213～240。

42. 楊澤波：〈橫攝系統與超越存有──從朱子看牟宗三的超越存有論及其缺陷〉，《學術月刊》2005 年，第 2 期，頁 63～69。

43. 蒙培元：〈「所以然」與「所當然」如何統一──從朱子對存在與價值問題的解決看中西哲學之異同〉，《泉州師範學院學報》2005 年，第 23 卷，第 1 期，頁 1～11。

44. 蔡茂松：〈朱子的四端七情理發氣發問題〉，《中華學苑》第 55 期（2001 年 2 月），頁 35～59。

45. 蔡仁厚：〈朱子性理系統形成的關鍵與過程〉，《哲學與文化》第 28 卷，第 7 期（2001 年 7 月），頁 597～605。

46. 劉國強：〈唐君毅的哲學方法〉，《鵝湖》第 20 卷，第 1 期（1994 年 7 月），頁 35～39。

47. 鄧克銘：〈羅欽順「理氣爲一物」說之理論效果〉，《漢學研究》第 19 卷，

第 2 期（2001 年 12 月），頁 33～57。

48. 劉原池：〈朱熹對張載「心統性情」說的開展〉，《哲學與文化》第 32 卷，第 7 期（2005 年 7 月），頁 25～42。

49. 謝大寧：〈「詮釋」與「推證」——朱子格物說的再檢討〉，《中正大學中文學術年刊》第 6 期（2004 年 12 月），頁 171～189。

50. 羅光：〈朱熹的形上結構論〉，《哲學與文化》第 9 卷，第 6 期（1982 年 6 月），頁 21～31。